2018 年教育部人文社会科学研究青年基金项目
"新时期西北地区金融扶贫模式、效果评价与支持政策研究"
（项目编号：18YJC790120）

2018 西北政法大学教育改革项目
"高校、政府、企业联动耦合的创新创业实践教学改革研究"
（项目编号：XJY201825）

国家自然科学基金项目
"农村土地承包经营权抵押融资试点效果评价、运作模式与支持政策研究"
（项目编号：71573210）

中国"三农"问题前沿丛书

新型农村金融机构支农：信贷可得性、满意度与福利效应

AGRICULTURAL SUPPORT OF
NEW RURAL FINANCIAL INSTITUTIONS:
AVAILABILITY, SATISFACTION
AND WELFARE EFFECT OF CREDIT

牛晓冬　罗剑朝　著

社会科学文献出版社
SOCIAL SCIENCES ACADEMIC PRESS (CHINA)

目 录
CONTENTS

第一章 导论 ·· 001
  一 研究背景 ·· 001
  二 研究目的和意义 ·································· 004
  三 国内外研究动态综述 ······························ 006
  四 研究思路和技术路线 ······························ 019
  五 研究内容和方法 ·································· 021
  六 本书的创新之处 ·································· 026

第二章 新型农村金融机构支农效果理论基础 ·············· 028
  一 概念界定 ·· 028
  二 新型农村金融机构主要经济功能 ···················· 033
  三 新型农村金融机构支农效果理论框架 ················ 038
  四 本章小结 ·· 061

第三章 西部地区新型农村金融机构发展历程、现状及存在问题 ·· 062
  一 新型农村金融机构发展历程 ························ 062
  二 西部地区新型农村金融机构的发展现状 ·············· 072

三 西部地区新型农村金融机构发展存在的问题 ………… 082
四 本章小结 ……………………………………………… 087

第四章 新型农村金融机构发展对农户信贷可得性影响实证分析 ……………………………………… 089
一 新型农村金融机构发展对农户信贷可得性影响理论分析 ……………………………………… 089
二 新型农村金融机构发展对农户信贷可得性影响模型构建 ……………………………………… 091
三 数据来源、变量选择及样本描述 ………………… 095
四 新型农村金融机构发展对农户信贷可得性影响估计结果分析 ………………………………… 105
五 本章小结 ……………………………………………… 116

第五章 农户对新型农村金融机构信贷满意度实证分析 …… 118
一 农户对新型农村金融机构信贷意愿及满意度理论分析 ………………………………………… 118
二 样本描述与变量选择 ……………………………… 120
三 农户对新型农村金融机构信贷意愿及满意度计量模型 ………………………………………… 126
四 农户对新型农村金融机构信贷满意度模型估计与分析 ………………………………………… 129
五 本章小结 ……………………………………………… 137

第六章 新型农村金融机构贷款对农户福利影响实证分析 … 139
一 新型农村金融机构贷款对农户福利影响理论分析 ………………………………………………… 139

二　新型农村金融机构贷款对农户福利影响
　　　模型设定 …………………………………… 144
　三　变量选择及样本描述 …………………………… 149
　四　新型农村金融机构贷款对农户福利影响
　　　结果分析 …………………………………… 156
　五　本章小结 ………………………………………… 174

**第七章　提升新型农村金融机构支农效果的
　　　　政策建议及对策** ………………………………… 176
　一　调整新型农村金融机构的宏观政策 …………… 176
　二　推进新型农村金融机构产品和服务方式创新 …… 180
　三　加大政策扶持力度，推动相关配套制度改革 …… 184
　四　本章小结 ………………………………………… 188

参考文献 ……………………………………………… 190

第一章

导 论

新一轮农村金融的增量改革,提高了农村地区金融机构网点覆盖率,初步形成了适度竞争的多元化、广覆盖、多层次的农村金融体系。本章主要是在清楚本文的研究背景、明确本文的研究目的和意义、归纳总结相关的国内外研究现状及发展动态的基础上,理清本文研究思路和构建技术路线,进而安排文章的研究内容和方法,通过实证分析凝练出本书的创新之处。

一 研究背景

我国正在形成由银行业金融机构、非银行业金融机构和其他微型金融组织共同组成的多层次、广覆盖、适度竞争的农村金融服务体系,政策性金融、商业性金融和合作性金融功能互补、相互协作,推动农村金融服务的便利性、可得性持续增强。通过农村金融创新以增加农村资金供给,已成为当前农村金融改革的政策取向,随着国家多项鼓励农村金融发展政策的出台,各种新型农村金融机构应运而生。2006年12月22日银监会发布《关于调整放宽农村地区银行业金融机构准入政策更好支持社会主义新农村建设的若干意见》,2007年1月22日出台了《村镇银行管理暂行规定》、《贷款公司管理暂行规定》、《农村资金互助社管理暂行规定》及村镇银行、贷款公司、农村资金互助社组建审批工作索引,村镇银行、贷款公司和农村资金互助社等新型农村金融机构在各地的发展得到了大力推动。2008年5月4日,银监会、人民银行发布《关于小额贷款公司试点的指导意见》之后,小额贷款公司在各地纷纷成立。2012年5月,银监会出台《关于鼓励和引导民间资本进入银行业的实施意见》,支持民营企业参与村镇银行发起、设立或增资扩股,将村镇银行主发起行最低持股比例由20%降低为15%,并明确在村镇银行进入可持续发展阶段后,主发起行可以与其他股东按照有关原则调整各自的持股比例。2014年,银监会又启动实施了基础金融服务"村村通"工程,印发了《关于推进基础金融服务"村村通"的指导意见》,引导和鼓励银行业金融机构用三至五年时间总体实现基础金融服务行政村全覆盖。

通过相关政策支持,新型农村金融机构的培育发展已取得了明显成效,村镇银行等新型农村金融机构在丰富县域金融体系,解决农村地区银行业金融机构网点覆盖率低、金融服务不足、竞争不充分等方面发挥了重要作用,并初步探索出金融服务的"城带乡"和农村金融供给的"东补西"模式,很大程度上提升了农村地区金融服务水平。截至2015年初,全国共发起设立1296家新型农村金融机构,其中村镇银行1233家(已开业1153家、筹建80家,东部地区492家,中部地区339家,西部地区322家),贷款公司14家,农村资金互助社49家。新型农村金融机构累计吸引各类资本893亿元,存款余额5826亿元,各项贷款余额4896亿元,其中小微企业贷款余额2412亿元,农户贷款余额2137亿元,两者合计占各项贷款余额的92.91%,中西部贷款农户数占到全部贷款农户数的70%以上。以村镇银行为例,在已组建机构中,有661家设在中西部省份,占比57.3%,纳入人民银行统计体系的村镇银行,主要由农村商业银行和城市商业银行发起，分别占全国村镇银行家数的39.42%和34.54%。全国村镇银行本外币各项存款余额5786亿元，同比增长25.4%，高于同期金融机构各项存款增速15.8个百分点。各项贷款余额4865亿元，同比增长33.9%，高于金融机构各项贷款增速20.6个百分点。新增贷款近八成投向县域，农户贷款比重上升。2015年，全国村镇银行农村（县及县以下）贷款余额3553亿元，占村镇银行各项贷款余额的73%；同比增长36.3%，高于村镇银行各项贷款增速2.4个百分点。农户贷款余额2125亿元，同比增长48.6%，占村镇银行各项贷款余额的43.7%。农业贷款余额1213亿元，同比增长38.7%，占村镇银行各项贷款余额的24.9%。[①] 从数据可以看出，新型农村金融机构发展十分迅速，尤其在西部地区新型农村金融机构数目在不断增加，改善了西部农村地区金融市场环境，提高了农村金融市场的竞争程度和运行效率，填补了部分地区农村金融服务空白，而西部偏远农村地区金融服务也发生了历史性变化。

我国西部地区新型农村金融机构发展前景依然十分广阔。主要原因有以下几个方面：第一，国家"丝绸之路经济带"发展战略，促进西部地区农村经济的发展，这为新型农村金融机构发展带来了良好的机遇，新型农村金融机构可以利用自身的组织优势和产品优势，占据有利的发展平台，拓展市场份额。第二，农村地区利率政策相对灵活，从而有利于新型农村金融机构产品的研发以及新客户的开展，有利于拓展农村服务的广度和深度，提高机构自身利润水平。第三，尽管我国农村金融机构有了一定程度的发展基础，但对于西部地区而言，农村地区多层次、广覆盖、适度竞争的金融服务体系远未形成，农村金融市场垄断水平相对

---

① 中国社会科学院农村发展研究所.中国村镇银行发展报告（2016）.北京：中国社会科学出版社，2016.

较高，农村金融市场有着巨大的发展空间和潜力，从而有利于新型农村金融机构业务的不断深化，同时为其在服务农村地区时获得较高的收益提供了良好的平台。

各类新型农村金融机构成立之后，纷纷在产品、服务、技术等层面进行创新，以提高其竞争力，这无疑将为多层次、广覆盖、适度竞争的农村金融组织体系和金融市场的形成提供历史性契机，为我国农村金融市场注入了活力。但同时，有关新型农村金融机构发展之后，诸多问题尚有待解决。这些问题包括：新型农村金融机构是否可以降低农村地区农户信贷配给，提高农户信贷可得性，从而满足农民信贷需求？农户对新型农村金融机构贷款政策的认知情况，贷款意愿、行为和服务满意度如何？新型农村金融机构进入之后，是否改善了农村地区的金融环境，提高了农村金融市场的竞争水平，从而有利于增加储蓄和投资，进而促进农户福利水平的提升。因此本文以陕西省和宁夏回族自治区农户为研究对象，分别从理论和实证方面，探讨新型农村金融机构对农户信贷可得性的影响，分析农户新型农村金融机构贷款意愿、行为和服务满意度及其影响因素，检验新型农村金融机构贷款对农民福利的影响。

二 研究目的和意义

（一）研究目的

本书基于农户微观调研数据，以陕西省和宁夏回族自治区为例，分析新型农村金融机构支农效果。具体研究目的定位为几个方面。

（1）运用博弈论和计划行为理论，从理论方面，分析新型农村金融机构支农效果，构建文章理论分析框架；

（2）运用分层模型，实证检验新型农村金融机构的设立是否降低了我国西部地区农户的信贷配给（成本和风险信贷配给、完全数量信贷配给、部分数量信贷配给），提高了农户的信贷可得性；

（3）采用 Ologit 模型和泊松门栏模型，分别探究农户新型农村金融机构的贷款意愿、信贷额度、信贷服务满意度及其影响因素；

（4）采用多变量 Oprobit 模型，实证检验农户新型农村金融机构与传统农村金融机构贷款之间的关系，并基于此，采用处理效应模型，对比分析不同渠道融资（新型农村金融机构和传统农村金融机构）的农户福利效应差异；

（5）通过对新型农村金融机构发展现状及问题分析，结合新型农村金融机构支农效果实证分析结果，提出提升新型农村金融机构支农效果的政策建议和对策。

（二）研究意义

本书基于农户微观调研数据，以陕西省和宁夏回族自治区为例，分析新型农村金融机构支农效果。此研究具有重要的理论意义和现实意义。

（1）理论意义

第一，构建新型农村金融机构支农效果的理论分析框架。基于博弈论和计划行为理论，分别从新型农村金融机构对农户正规信贷可得性影响、农户对新型农村金融机构服务满意度、新型农村金融机构对农户福利影响三个方面构建本文理论分析框架；

第二，构建新型农村金融机构与传统农村金融机构博弈分析模型。本文在构建新型农村金融机构与传统农村金融机构博弈分析模型的基础上，分析两者之间的竞争关系，为后续研究提供借鉴；

第三，按照理论框架，结合计量经济学理论和相关计量工具，分别对西部地区新型农村金融机构与农户信贷可得性、新型农村金融机构贷款意愿及满意度、新型农村金融机构与农户福利进行实证分析，力争有所创新，能为学界开拓研究视角、丰富研究方法。

(2) 现实意义

第一，采用分层模型，分析新型农村金融机构覆盖与农户的信贷配给（成本和风险配给、完全数量配给、部分数量配给）和信贷可得性的关系，探讨新型农村金融机构设立是否降低了农户的信贷配给、提高了农户信贷可得性？此研究对检验新型农村金融机构支农广度具有重要的现实意义。

第二，2007年以来，我国新型农村金融机构的发展状况到底如何？农户对新型农村金融机构贷款政策的了解情况怎么样？农户从新型农村金融机构贷款意愿、贷款行为怎么样？农户对新型农村金融机构贷款满意度评价如何？农户作为农村生产经营的主体力量，其贷款意愿和行为对新型农村金融机构的贷款业务乃至各项事业发展有着根本性影响。分析农户新型农村金融机构的贷款意愿、行为、满意度及其影响因素，对于增强新型农村金融机构核心竞争力、检验其支农深度具有重要的现实意义。

第三，首先采用 Multivariate Probit 模型分析农户不同农村金融机构融资选择的关系及其影响因素，其次采用处理效应模型（Treatment Effects Model）来分析新型农村金融机构和传统农村金融机构融资对农户福利效应的影响差异。作为农村金融活动的参与主体，农户的选择是落实发展正规融资方式的前提基础，因此，立足于农户视角，分析不同金融机构的融资选择及其对农户福利影响，对评判新型农村金融机构支农效果，继而指导完善其贷款政策具有现实意义。

三　国内外研究动态综述

（一）国外研究动态

1. 农村金融发展的支农效果研究

国外学者从不同角度研究了农村金融发展对于农民收入的影

响。Schumpeter（1969）的研究发现农业技术进步与创新有利于农村经济的发展，而完善的农村金融体系使得农业技术水平不断提高。国外很多学者研究发现，农村金融深化程度和规模可以显著促进农户的收入水平的提高，他们之间呈现强烈的正相关关系（King and Levine，1993；De Gregorio and Guidotti，1994）。另外，国外还有部分学者认为，储蓄投资转化水平可以提高投资转化效率，农村金融市场通过投资转化效率的提高而不断地进行深化，有利于促进农村经济的不断增长（Bencivenga and Smith，1991；Jappelli and Pagano，1993），进而提高农户的收入水平（Greenwood and Jovanovic，1990）。

Stiglitz（1996）通过对农村金融市场的分析，认为政府应该适当介入农村金融市场，这是因为农村金融市场的完全竞争状态只是一个较为理想的状态，要想达到这种较为理想的状态，必须由政府出面解决由于过度竞争或者完全垄断造成的市场混乱，以及要对失效的市场进行补救，继而缓解农村金融市场中存在的高交易成本和信息不对称等问题。Yousif（2002）通过对农村金融的研究发现，农村金融需要外部政策性资金的注入，以促进农业生产经营，并且需要非营利性的机构进入农村金融市场，来分配农村地区资金，以达到缓解农村贫穷的目的。另外，必须降低农村地区贷款的利率水平，以缩小农业产业与其他产业之间的差距。

虽然，Stiglitz（1996）和Yousif（2002）认为政府应该适当介入农村金融市场，对失效的市场进行补救，以促进农业生产经营，达到缓解农村贫穷的目的。但是有部分学者通过研究则认为，农村金融并不需要外部政策性资金的注入，因为农村居民自己具有一定的储蓄能力，也没有必要降低农村地区贷款的利率水平，降低农村地区贷款的利率水平，会使得农户并不愿将资金存入农村金融机构，一定程度上抑制了农村金融深化和发展。

2. 农户借贷行为及其对农户福利的影响研究

关于农户借贷渠道选择及其影响因素方面的研究。Zeller (1994) 对马达加斯加地区的农户进行实地调研,并采用 Probit 模型通过分析该地区农户的借贷经历发现,农户性别是影响马达加斯加地区的农户是否能从正规农村金融机构获得贷款的主要因素,农户的收入来源与农户的贷款申请意愿呈现强烈的正相关关系;此外,研究还发现,在 1990~1992 年间马达加斯加地区有过正规金融组织贷款经历的农户占调研农户的 69.3%,其从正规金融机构获得贷款的主要用途是农业机械、生产投入、养殖经营等生产经营性投入,此部分用途占借贷资金总额的 78%;而在 1990~1992 年间该地区有过非正规金融组织贷款经历农户比例则高达 96.3%,其从非正规金融机构获得贷款的主要用途是教育、疾病、交际等生活消费性支出,此部分用途占非正规金融机构借贷资金总额的 64%;同时具有正规金融部门获得贷款经历和非正规金融组织贷款经历的农户占样本农户的 63.4%。Ravi S. (2003) 通过对印度农户借贷渠道选择的分析,构建随机效用的均衡排序模型发现,家庭总收入、土地面积和受教育水平是影响印度农户信贷渠道选择的重要因素;研究还发现,印度喀拉拉邦的贷款农户中有 80% 以上通过正规金融机构获得贷款,其从正规金融机构获得贷款的主要用途是购买收割机、拖拉机、播种机等;而在印度北方邦的贷款农户中,有 70% 通过非正规金融机构获得所需的贷款,其从非正规金融机构获得贷款的主要用途是教育、食物和住宿等生活消费支出。

关于农户借贷方式的研究。国外农村金融市场中主要有信用贷款和担保贷款两种贷款方式,其中农村金融市场中的担保贷款又分为保证担保贷款和抵押担保贷款,担保贷款也是目前各个国家农户贷款主要方式。对于农村金融机构而言,农村金融机构需要农业经营主体(尤其是农户)提供足够的抵押质押品(Hoff and Stiglitz，1990；Conning，2005），但是多数农户并不具有有效的抵押品，而阻止了部分从农村正规金融机构获得贷款，进而转向农村非正规金融机构获得生产经营所需要的资金，基于此，农户对抵押担保贷款的评价并不高；而随着联户联保形式的担保贷款出现，尤其是格莱美银行出现之后，农户更加青睐于通过联户联保的形式从农村正规金融机构获得贷款，在马达加斯加有77%的农户通过联户联保的贷款方式，获得正规金融机构的贷款（Zeller M.，1994）。

对于农户借贷对其福利影响方面，学术界并未得出较为一致的结论。部分学者认为农户借贷对农户福利增长并无益处。Crepon et al.（2014）通过对摩纳哥借贷农户的分析，发现借贷可以使农业、畜牧业等家庭农业经营收入增加，但是外出务工打零的工作收入减少，所以贷款并不能增加借贷户的总体收入。Angelucci et al.（2015）运用墨西哥康帕图银行的借贷户数据，分析发现扩展信贷供给对家庭总收入、经营活动收入、打工收入以及消费支出均没有明显影响。Duff et al.（2013）通过分析印度小额贷款户，发现获得小额信贷成员的消费水平并没有显著提高。对于正规信贷市场，富裕群体通过提供有效的贷款抵押品得以顺利进入，而贫困群体因缺乏抵押担保被排除在外，因此无法享受到金融发展带来的益处，最终导致富者愈富、穷者愈穷（Conning and Udry，2007）。但是，有部分学者认为借贷促进了农户福利的增长。Pitt et al.（1998）利用复杂的动态模型分析了孟加拉国小额信贷对农户的影响，研究发现获得小额信贷的男性使家庭消费支出增加11%，而获得小额贷款的妇女使家庭消费支出增加18%，另外，小额信贷对贫困农户的影响较大。Crepon et al.（2014）认为不同经营主体的经营活动受到小额信贷的影响存在差异，对于农户而言，尤其是一直从事农业生产活动的农户而言，获得小额信贷会使农户农产品的销售量和支出显著扩大，其农业收入和支出也得以提升。

3. 农村微型金融发展及其对农户福利影响研究

在农村金融体系中，农村正规金融机构由于农业生产经营风险较高、农户缺少有效的抵押质押品、农业生产的回报率低以及农户对借贷资金的需求呈现小而散的特征等方面的原因，撤离了农村地区，这些小额资金需求的农户处于信贷市场中的边缘地位，并被排除在传统金融机构之外，因为缺乏有效的抵押质押品而不能从正规金融机构获得贷款（Von Pischke，1999）；而农户为了获得生产经营所需要的资金，则将借贷瞄准微型金融机构（Nagarajan and Meyer，2005）。

从20世纪50年代开始，为了提高低收入人群的收入，发展银行在许多国家建立起来，其主要的设立目的是为低收入农户提供生产生活需要的补贴贷款。但是经过多年的实践发展，其并不能显著提高低收入群体的收入，最后各个国家的发展银行相继倒闭（Mark Schreiner，2001）[1]。20世纪80年代，为了给农村低收入阶层提供金融服务，在世界银行的推动下，微型金融的创新模式应运而生，并且在全球范围内得到广泛的关注和推广（Jonathan Morduch，1998；Aliya Khawari，2004；Nimal A. Fernando，2004；Jonathan Morduch，2005）。

关于农村微型金融对农户福利影响的研究方面。部分学者的研究认为，微型金融可以提高中低收入人口的收入（UNICEF，1997；Wright，2000；Khandker，2001；Morduch and Haley，2002）[2]，降低脆弱性（Zaman，2000；Wright，2000；McCulloch，2000），并且帮助贫困农户改善其贫困状况。Gonzalea-Vega（1984）通过分

---

[1] Mark Schreiner and H. H. 2001. Colombet From Urban to Rural: Lessons for Microfinance from Argentina. *Development Policy Review*, 19 (3): 339–354.

[2] Jonathan Morduch and Barbara Haley. 2002. Analysis of the Effects of Microfinance on Poverty Reduction. *NYU Wangner Working Paper*, No. 1014, 6: 2.

析小额信贷的作用发现，小额惜贷可以减少农户收入差异，进而改善收入分配，而且小额信贷还可以改善农户的资源配置。[1] CGAP（2006）通过对全球金融市场的分析，发现世界上难以从正规金融机构获得贷款的客户高达30亿人。Pischke（2002）通过对小额信贷产品的分析发现，小额信贷的创新改善了信贷人员收入分配，小额信贷也可以改变收入和财富的分配[2]。Remenyi（2000）以11个亚洲国家为研究对象，通过对这些国家微型金融的分析，发现微型金融机构信贷可以显著提高借贷者的家庭收入水平；而微型金融提供的贷款对于赤贫农户福利的改进并不显著，但是微型金融提供的贷款可以有效提高处于贫困线边缘农户的福利水平[3]；另外，通过对印度贷款农户和非贷款农户的对比分析发现，从微型金融机构获得贷款的农户年平均收入增加了46%，而未从微型金融机构获得贷款的农户年平均收入增加了24%；通过对斯里兰卡贷款农户和非贷款农户的对比分析发现，从微型金融机构获得贷款的农户年平均收入增加了15.6%，而未从微型金融机构获得贷款的农户年平均收入增加了9%；通过对印度尼西亚贷款农户和非贷款农户的对比分析发现，从微型金融机构获得贷款的农户年平均收入增加了12.9%，而未从微型金融机构获得贷款的农户年平均收入增加了3%；通过对孟加拉国贷款农户和非贷款农户的对比分析发现，从微型金融机构获得贷款的农户年平均收入增加了29.3%，而未从微型金融机构获得贷款的农户年平均收入增加了22%。

虽然有很多学者认为微型金融可以提高中低收入人口的收入

---

[1] Claudio Gonzalea-Vega, 1984. Cheap Agricultural Credit: Redistribution in Reverse Undermining Rural Development with Cheap Credit, 12: 19 – 21.

[2] J. D. Von Pischke. 2002. Innovation in Finance and Movement to Client-centered Credit. *Journal of International Development*, 12: 10 – 11.

[3] Joe Remenyi and Jr Benjamin Quinones. 2000. Microfinance and Poverty Alleviation: Case Studies from Asia and the Pacific, New York, London: Pinter.

(UNICEF，1997；Wright，2000；Khandker，2001；Morduch and Haley，2002），降低脆弱性（Zaman，2000；Wright，2000；McCulloch，2000），并且帮助贫困农户改善其贫困状况。但也有不少学者研究认为，微型金融提供的贷款虽然可以有效提高处于贫困线边缘农户的福利水平，但是其提供的贷款对于赤贫农户福利的改进并不显著（Hulme and Mosley，1996）。John Weiss（2006）通过对贫困人群的调研分析发现，微型金融提供的贷款很难全部提供给贫困农户，微型金融提供的贷款很大一部分被富裕人群占有，即使是通过相关的规章和标准去限制微型金融的贷款途径，但是这一标准在现实中也很难得以很好的实施。即赤贫农户很难从微型金融机构获得的贷款中有效提高其收入水平。Coleman（1999）针对泰国的乡村银行农户调研数据，发现从乡村银行获得贷款的农户主要的贷款用途是进行家庭消费支出，而并未将贷款主要投向农业生产经营领域，采用双倍差分方法对比分析从泰国乡村银行获得贷款农户和未获得贷款农户的收入情况，发现泰国的乡村银行支持农业发展计划并未取得很好的效果，即泰国乡村银行借贷并未显著提高参与农户的收入。

（二）国内研究动态

1. 农村金融发展的支农效果研究

对于农村金融发展的支农效果研究方面，国内学者通过分析并未得出一致的结论。部分学者认为农村金融并未促进农村经济的增长。温涛等（2005）基于中国的面板数据，检验了农民收入和农村金融关系，研究发现金融发展并未促进农民收入增长。朱喜等（2006）和王丹等（2006）分别采用VEC模型和误差修正模型分析了农村贷款投入对农村经济的影响，研究发现农村金融发展长期未能促进农村经济增长。

部分学者认为农村金融和农村经济存在相互作用的关系（姚

耀军，2004；江美芳，2011；禹跃军，2011）。禹跃军（2011）和姚耀军（2004）基于全国面板数据，采用 VAR 模型，分析发现农村金融发展滞后于农村经济增长，农村金融有助于促进农村经济增长。江美芳（2011）和杨帆（2009）分别基于江苏省和中国的宏观数据，采用灰色关联模型，分析发现正规金融是农村经济的主要依赖因素，农村金融与农村经济存在很高的关联度。田杰（2012）基于 1883 个县（市）的面板数据，通过对农村金融密度与农村经济的实证分析。发现农村金融密度与农村经济增长呈现显著的正相关，东部和西部地区农村金融密度与农村经济增长呈现显著的正相关，而中部地区农村金融密度与农村经济增长相关性并不显著。周邦瑶（2014）基于中国省级宏观数据层面，分析了金融改革对农业技术进步的影响，实证检验了金融与农业技术进步关系，发现金融体系改革对农业技术的影响既存在正的结构效应，也存在正的水平效应。

针对农村金融发展对农民福利影响的研究成果较为丰富，但是学者们关于此方面的研究也并未得出一致的结论。部分学者认为农村金融发展并未促进农民收入的增加。温涛等（2005）和刘旦（2007）基于中国的面板数据，检验了农民收入和农村金融关系，研究发现金融发展并未促进农民收入增长。

而部分学者则认为农村金融发展对农民收入具有促进作用。王虎（2006）和杨小玲（2013）分别通过分析农村金融发展与农民收入之间关系以及农村金融深化对农民收入差距的影响发现，农村金融发展与农民收入存在显著的正向关系（张鹏等，2009），农村金融深化显著提高了农民人均收入水平。王小华（2014）采用分位数回归方法，基于中国 2037 个县域数据，分析发现收入越高的农民更容易获得贷款，而收入越低的农民受到的金融抑制程度越大，农村地区金融抑制现象明显存在。

在农户借贷对其福利影响的研究方面，国内学术界也并未得出较为一致的结论。部分学者认为农户借贷对农户福利增长并无益处。许崇正等（2005）发现信贷投资对农民增收支持不力，其对农户人均收入的影响并不显著。黄祖辉等（2009）的研究结果也论证了在忽视信贷需求的情况下，单纯增加信贷供给无益于促进农户福利增长。王文成等（2012）运用分位数回归模型对不同收入水平的农户进行分析，发现借贷资金对低收入水平农户和高收入水平农户的收入促进作用并不明显。杜金向等（2013）采用多元线性回归发现中西部地区的借贷对农户的收入效应为负，而对东部地区农户的收入存在显著的促进作用。

但是，有部分学者认为借贷促进了农户福利的增长。李锐等（2004）分析发现农户的借贷行为显著提升了其福利水平。褚保金等（2009）、李长生等（2015）和李庆海等（2016）分别从信贷配给和约束的视角，研究发现信贷配给和约束对其收入有显著负向影响，随着农户贷款的增加其收入水平也会增加。尹学群等（2011）研究发现农户的农业生产性信贷会显著提升农户的收入和消费支出水平，并对农村经济增长有较显著的促进作用。刘辉煌等（2014）采用多值处理效应模型，研究发现银行贷款和民间借款均对农户的收入水平有明显的促进作用。曹瓅等（2014）研究发现产权抵押贷款显著增加了农户的家庭年总收入、非农收入、生活消费和生产性支出，农户家庭福利水平得到了显著提高。仲志源（2016）运用 VAR 模型分析发现农业贷款使农户福利水平得到了显著的改善。

2. 新型农村金融机构方面研究

关于新型农村金融机构本身运行方面的研究，学者们主要从新型农村金融机构的可持续发展及未来的发展方向选择、新型农村金融机构发展中存在的问题、新型农村金融机构发展绩效及影响因素、新型农村金融机构与其他金融机构对比分析等几个方面展开分析。

其中，关于新型农村金融机构的可持续发展及未来的发展方向选择研究方面，葛永波等（2011）通过对新型农村金融机构的调研，采用层次分析法，分析发现新型机构的服务创新水平、机构知名度、员工素质等是影响新型农村金融机构可持续发展的主要因素。高晓燕等（2011）和王慧颖（2013）通过村镇银行的实地调研情况，分别采用定性分析和定量分析方法，分析影响村镇银行可持续发展的指标，研究发现金融创新和政府扶持是影响村镇银行可持续发展的重要因素。杨林生等（2014）通过对小额贷款公司的分析，发现小额贷款公司发展迅猛，有效缓解了"三农"融资难的问题。另外，不少学者从新型农村金融机构风险控制方面展开分析和研究（刘萍萍，2012；刘姣华，2014；赵婧瑶，2014）。

关于新型农村金融机构发展中存在的问题研究方面，赵丙奇和杨丽娜（2013）通过对浙江省村镇银行的实地调研分析发现，浙江村镇有效解决了农村金融供给不足状况，但是村镇银行也面临吸储难的困境。曲小刚（2013）的研究发现村镇银行的盈利能力不强，村镇银行的分布主要倾向于东部地区。而针对农村资金互助社的研究方面，农村资金互助社主要存在法律政策不完备（王亦平，2009）、内部管理水平较低（齐良书等，2009）、经营规模相对较小（胡秋灵，2011；卢敏，2012）等问题。

关于对新型农村金融机构发展绩效及影响因素方面研究，多数学者集中在村镇银行发展绩效及影响因素方面研究。李鸿建（2010）、王曙光（2009）和董晓林（2014）对村镇银行发展绩效及影响因素进行了分析，研究发现村镇银行盈利难度大、支农作用有限；不同类型的主发起人设立村镇银行对村镇银行的经营绩效和支农绩效存在显著差异，另外，研究还表明村镇银行的设立取址对其经营绩效的影响也比较显著。

廖继伟（2010）和邵传林（2010）通过对农村资金互助社的

研究发现，农村资金互助社有效促进了农村资金供给的增加，但是随着农村资金互助社纳入到农村正规金融机构范围，其运行效率相较于以前有所下降。

关于小额贷款公司的绩效研究方面，李永平（2011）、卢亚娟（2012）、刘志友（2013）和杨虎锋等（2014）则是以小贷公司为调查对象，认为小额贷款公司进入农村金融市场，增加了农村金融的有效供给，农村地区农户和小微企业均可以从小贷公司获得资金；另外，研究还发现，小额贷款公司的股东类型、外部监管对其社会绩效和财务绩效的影响均不显著，股权集中度对小额贷款公司的社会绩效和财务绩效均有显著影响。

3. 新型农村金融机构支农效果研究

综观已有研究成果，关于新型农村金融机构支农效果方面的研究并不多，学者们主要从新型农村金融机构能否提高农户信贷可得性、农户新型农村金融机构借贷意愿、行为、满意度、新型农村金融机构与农民增收等几个方面反映新型农村金融机构的支农效果。

部分学者针对新型农村金融机构设立能否提高农户信贷可得性进行了研究，陈曙莲（2009）和黄惠春（2011）通过对新型农村金融机构调查分析，发现农村金融的增量改革，即村镇银行等新型农村金融机构的出现，使得农村地区金融市场竞争日益激烈，有效地降低了农户的信贷成本，填补了农村地区农村金融服务的空白点，提高了农户信贷可得性，为农村地区形成多元化的农村金融服务体系提供了良好契机。张兵等（2014）以江苏省金融机构和农户为研究对象，分别采用 Logit 和 ATE 模型，分析了村镇银行设立对农户信贷可获性的影响。研究发现村镇银行等新型农村金融机构的设立和发展，对农户信贷可获性有显著的正向影响。董晓林等（2016）基于江苏省 825 户农户样本，采用 Heckman 两阶段样本选择模型，分别从理论层面和实证分析层面，分析了农村资金互助社对农户正规信贷配给的作用。研究发现对于贫困农户而言，农村资金互助社的设立使得其信贷可得性有所提高，并且农民资金互助社的"共跻监督"机制能够降低农户信贷配给的程度。

关于农户对新型农村金融机构的借贷意愿、行为、满意度方面的研究，赵雯等（2013）采用 Logit 模型，分析了陕西省和宁夏回族自治区两地农户对村镇银行等新型农村金融机构的贷款意愿的因素。研究发现，利率评价影响高收入水平农户从新型农村金融机构贷款的意愿，贷款便利度和户主年龄影响低收入水平农户从新型农村金融机构贷款的意愿，土地经营面积和贷款服务满意度影响中等收入农户从新型农村金融机构贷款的意愿。郭世辉等（2011）和张松灿（2013）分别采用 Logit 模型和 Logistic 模型，分析了试点乡镇农户的借贷偏好及其对村镇银行贷款意愿的影响因素，研究发现农户借贷偏好主要受到农户的生产性资产以及新型农村金融机构的服务影响，户主年龄、性别和家庭收入是影响农户从村镇银行贷款意愿的主要因素。

而针对新型金融机构借贷服务满意度方面的研究，国内有少数学者进行了研究。李桂琴等（2014）通过对不同行业客户的分析研究发现，金融服务、新产品的推出速度、银行的可靠性和产品价格是影响农户商业银行满意度的重要因素。王芹等（2014）采用排序选择模型，基于陕西和宁夏农户样本，分析农户对新型农村金融机构借贷服务满意度及其影响因素，发现西部地区农户新型农村金融机构借贷服务满意度还有待提高，农户更期望从小额贷款公司获得生产经营所需的资金。

关于对新型农村金融机构与农民增收方面的研究甚少，孙健（2013）基于宏观数据，从新型农村金融机构视角，探讨了金融支持与"三农"发展的关系。研究发现，新型农村金融机构的设立，对我国"三农"的发展具有积极的影响，新型农村金融机构的发展，改善了农村金融市场竞争结构，促进了农民收入水平的提高。龙华平（2012）通过对贵州省小额贷款农户的调研分析，发现农户从小额贷款公司获得贷款可以显著促进农民收入增长。

（三）国内外研究动态评述

国外方面，通过对国外相关文献的梳理和分析，发现国外研究主要集中在对农村金融发展的支农效果研究、农户借贷行为及其对农户福利的影响研究、农村微型金融发展及其对农户福利影响研究几个方面。其中，针对农村金融发展及农村微型金融发展的支农效果方面的研究，国外学者并未得出明确一致的结论，即已有研究对农村金融和微型金融发展是否可以促进农村经济增长和农民增收，并没有得出明确一致的结论；而针对农户借贷行为及其对农户福利影响方面的研究，学者们主要集中在农户借贷方式选择、借贷额度、信贷约束及其影响因素方面。

国内方面，众多学者对农村金融发展的支农效果方面展开研究，但针对农村金融发展对农村经济增长和农民增收影响方面的研究，国内学者也并未得出明确一致的结论；关于新型农村金融机构的研究，多数学者从新型农村金融机构可持续发展、存在问题及对策以及与其他金融机构对比等理论层面进行分析，也有部分学者从新型农村金融机构经营绩效及其影响因素方面展开研究；关于对新型农村金融机构支农效果研究，则主要是从农户新型农村金融机构借贷意愿、行为以及满意度方面展开，但是分析得较为简单。

从现有文献看，国内外学者有关此方面的研究取得了较为丰富的成果，为本研究的开展奠定了良好的基础。但是现有的研究还存在如下不足。

（1）已有的研究多从农村金融发展视角，分析其对农村经济和农民收入的影响，并且针对农村金融发展是否可以促进农村经济增长和农民增收，并没有得出明确一致的结论；

（2）现有关于新型农村金融机构的研究，多数学者从新型农村金融机构可持续发展、存在问题及对策以及与其他金融机构对比等理论层面进行分析，而为数不多的实证研究也主要从新型农村金融机构经营绩效及其影响因素方面展开；

（3）关于新型农村金融机构支农效果研究，部分学者从农户新型农村金融机构借贷意愿、行为以及满意度等单个方面展开，多运用简单线性回归方法（Logit 模型、Pobit 模型等），且分析较为简单。

四　研究思路和技术路线

新型农村金融机构在解决农村地区银行业金融机构网点覆盖率低、金融服务不足、竞争不充分等方面发挥了重要作用，有效地改善了农村地区的金融环境。本书之所以选择陕西省和宁夏回族自治区作为研究的样本，主要是因为陕西省和宁夏回族自治区新型农村金融机构的发展在西部地区处于中等水平，分析这两个省（区）的新型农村金融机构的支农效果，能够反映西部地区的一般状况；另外，陕西省和宁夏回族自治区分别代表了西部地区的两种主要农业经营方式，即种植业和养殖业两种方式。在分析新型农村金融机构支农效果方面，本书选择新型农村金融机构对农户信贷可得性、农户对新型农村金融机构服务满意度（意愿、行为、满意度）、新型农村金融机构对农户福利三个方面，来反映新型农村金融机构的支农效果。之所以选择这三个方面，主要是因为此三个方面分别可以从侧面反映新型农村金融机构的支农广度、深度和效益。其中，新型农村金融机构对农户信贷可得性分析，侧面反映了新型农村金融机构的支农广度；农户对新型农村金融机构服务满意度分析（意愿、行为、满意度），侧面反映新型农村金融机构的支农深度；新型农村金融机构贷款对农户福利的影响分析,侧面反映新型农村金融机构的支农效益。

本书将沿着"理论框架-实证检验-政策建议"的路线进行设计研究。技术路线图如图1-1所示。第一,基于博弈论和计划行为理论,分别从新型农村金融机构对农户正规信贷可得性的影响、农户对新型农村金融机构服务满意度、新型农村金融机构对农户福利影响三个方面构建本文理论分析框架;第二,运用理

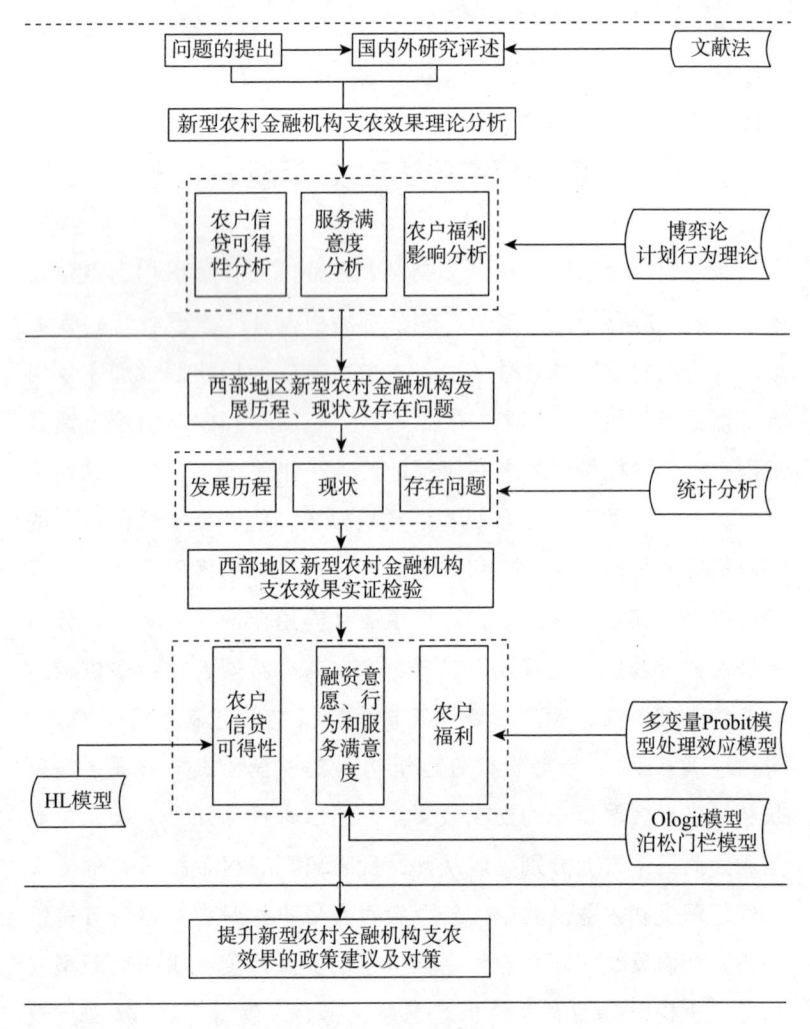

图1-1 技术路线图

论分析框架，采用 HLM 模型分析新型农村金融机构对农户信贷可得性的影响，采用 Ologit 模型和 Poisson Hurdle 模型分析农户新型农村金融机构贷款意愿、行为、服务满意度及其影响因素，采用多变量 Probit 模型检验新型农村金融机构与传统农村金融机构关系，采用处理效应模型，对比分析不同渠道融资（新型农村金融机构和传统农村金融机构）农户的福利效应差异；第三，从新型农村金融机构对信贷可得性、服务满意度、农户福利三个方面综合分析其支农效果，并针对实证分析的结果及新型农村金融机构支农存在的问题，提出具有针对性的政策建议和对策。

五 研究内容和方法

（一）研究内容[①]

（1）本书第二章首先对新型农村金融机构进行界定；其次理清新型农村金融机构发展的重要意义、主要经济功能和特点；最后基于博弈论和计划行为理论，分别从新型农村金融机构对农户正规信贷可得性影响、农户对新型农村金融机构服务满意度、新型农村金融机构对农户福利影响三个方面构建本书理论分析框架。

（2）第三章首先对新型农村金融机构发展历程、产生背景进行了简要分析；其次，以陕西省和宁夏回族自治区为例，分析了村镇银行、小额贷款公司、农村资金互助社的发展现状、运营特征；最后，理清西部地区新型农村金融机构发展所存在的问题。

（3）新型农村金融机构的发展是否降低农户信贷可得性的实证分析。本书第四章利用2015~2016年采集的陕西和宁夏回族自治区的2946户农户微观数据，采用分层模型，分析新型农村金

---

① 本书章节分工说明：罗剑朝教授负责本书第一章中研究背景、目的和意义，研究思路和技术路线撰写；牛晓冬负责本书其他部分撰写工作。

融机构覆盖与农户的信贷配给（成本和风险配给、完全数量配给、部分数量配给）、信贷可得性之间的关系，探究新型农村金融机构设立是否降低了农户的信贷配给、提高了农户信贷可得性。

（4）农户对新型农村金融机构信贷意愿、行为、满意度分析。本书第五章利用实地调研的10个设立了新型农村金融机构县（区）的1726户农户数据，分别采用 Ordered Logit Model 和 Poisson Hurdle Model，对农户新型农村金融机构借贷意愿、信贷可得性、信贷额度和信贷满意度进行实证检验，分析农户参与新型农村金融机构贷款的情况及其满意度。

（5）新型农村金融机构贷款对农户福利影响分析。本书第六章利用2015~2016年采集的陕西省和宁夏回族自治区的2946户农户微观数据，首先采用 Multivariate Probit 模型分析农户不同融资渠道选择之间的关系及其影响因素；其次采用处理效应模型（Treatment Effect Model），分析新型农村金融机构和传统农村金融机构融资对农户福利效应影响的差异；最后采用 QTE 模型进行农户福利水平的分位数处理效应回归分析。

（6）提升新型农村金融机构支农效果的政策建议。本书第七章是通过对新型农村金融机构发展现状及问题分析，结合新型农村金融机构支农效果实证分析结果，提出提升新型农村金融机构支农效果的政策建议和对策。

（二）研究方法

（1）文献法。通过 CNKI、万方和 SSCI 等文献资料库，查阅分析现有文献，了解目前国内外农村金融发展对农村经济和农民收入影响、农户借贷行为特征、农村微型金融发展及其作用、新型农村金融机构发展等相关研究的最新动态。通过文献梳理，对新型农村金融机构支持农村经济发展做出描述性分析和理论解释，找出研究的切入点和创新点。

(2) 统计分析法。本书所需的数据既包括陕西省和宁夏回族自治区新型农村金融机构发展现状的宏观数据,也包括陕西省和宁夏回族自治区农户调研的微观数据。宏观方面数据主要由《中国金融年鉴》、《全国农村固定观察点调查数据》、《中国区域金融运行报告》、《中国农村金融服务报告》、中国国家统计局网站、各省统计年鉴及统计局网站整理获得;微观方面数据主要由课题组成员对陕西省和宁夏回族自治区实地调研以及相关部门信息提供并整理得到。通过对相关数据的搜集整理及归纳,运用统计分析方法,对我国西部地区新型农村金融发展状况进行综合分析。

(3) 实证分析方法

A. 多层模型(Hierarchical Linear Models,HLM)

为了考察新型农村金融机构的设立是否降低了农户的信贷配给、提高了农户的信贷可得性,本书第四章采用多层模型检验新型农村金融机构是否降低了农户的信贷配给。

近年来,多层模型(Hierarchical Linear Models,HLM)已被广泛应用于社会科学诸多领域,如经济学、心理学、教育学和社会学等。多层线性模型除了可以同时处理宏观层次的环境变量和微观层次的个体变量外,还可以调节数据的聚类性质,从群体因素中分离出个体因素对被解释变量的影响,减少估计偏差。此外,在社会科学研究中,经常采取分区域、分层次的调研方案采集样本,获得的数据一般为分层结构数据,而线性、正态、独立分布、方差齐性检验是传统线性回归分析(Classic Linear Regression)的基本先决条件,对于分层数据而言,独立分布和方差齐性并不成立,给估计带来相当大的难度,若用传统线性回归进行分析,不论将高层次因素纳入到低层次因素还是将低层次因素纳入到高层次因素进行处理,都会加大估计偏差。从技术上说,具有多层结构特点的数据应该采用多层模型来分析。分层模型中因变量的变异包括来自同一群体的个体差异(即"组内变异")和来自不同群体之间的个体差异（即"组间变异"），分解组内和组间变异对因变量的影响，可以区分个体效果和群体效果，分析个体和群体间的关系以及其对因变量的影响。因此，本书第四章分析新型农村金融机构是否降低农户信贷配给时，采用分层模型，将农户所受到的信贷配给（成本和风险配给、完全数量配给、部分数量配给）变异分为农户的差异和乡（镇）间的差异，分别分析两个层面的影响因素，揭示不同层面因素对农户信贷配给的影响效应。其中，乡（镇）层面中重点考察是否被新型农村金融机构覆盖变量，以分析新型农村金融机构设立对农户信贷配给的影响。

B. 多元有序 Logit 模型（Ordered Logit Model）

因为农户对新型农村金融机构信贷意愿和满意度的取值是有顺序的，为了分析农户新型农村金融机构贷款意愿和服务满意度的影响因素，本部分采用 Ordered Logit 模型，对农户新型农村金融机构的贷款意愿、满意度及其影响因素进行实证分析。

C. 泊松门栏模型（Poisson Hurdle Model）

从农户调研数据可以看出，部分农户并没有从新型农村金融机构获得贷款，即融资额度为零，而一部分农户融资额度的赋值等于或者大于1，即融资额度大于零，样本呈现"零"值和"正整数"值两类，若要对"正整数"值的样本进行计量分析，就必须对"零"值进行数据截断，且农户从新型农村金融机构获得贷款额度赋值近似服从泊松分布，所以，这一部分则是采用补充双对数模型和截断泊松回归模型，对受访农户新型农村金融机构信贷额度及其影响因素进行实证分析。其中，采用补充双对数模型处理农户是否从新型农村金融机构获得贷款，在此数据截断完成后，采用截断泊松回归模型处理具有"正整数"特征的农户从新型农村金融机构获得贷款额度。为使模型成立，本研究假定这两个模型彼此独立。若农户未从新型农村金融机构获得贷款（$A_i = $

0），则融资额度为零（$B=0$）；相反，若农户从新型农村金融机构获得贷款（$A_i=1$），则有融资额度大于零（$B>0$）。若 $A_i=0$，则 $P(A_i=0)$；若 $A_i=1$，则 $P(A_i=1) \cdot f(B/A_i=1) = P(A_i=1) \cdot f(B>0)$，其中，f(·) 为密度方程，P(·) 为概率方程。

D. 多变量 probit（Multivariate Probit）和处理效应模型（Treatment Effect Model）

本书第六章的研究目的是在分析农户正规融资渠道（新型农村金融机构和传统金融机构）和民间融资方式的关系及其影响因素基础上，分析不同融资方式对农户福利的影响。在分析农户正规融资渠道（新型农村金融机构和传统金融机构）和民间融资方式的影响因素方面，通常可以利用三个简单的二元离散模型进行分析，如果对这三个被解释变量分别进行二元 Probit 建模或者二元 Logit 建模，虽然结果依然为一致估计，但是可能会损失估计效率，因为在实际中，农户从正规融资渠道融资和非正规融资通常是相关的，即这几个简单二元离散方程的扰动项之间可能相关。因此，第六章采用 Multivariate Probit 模型分析农户正规融资渠道和非正规融资渠道关系及其影响因素。

假设农户选择从正规（新型农村金融机构和传统金融机构）或者非正规金融机构融资的效用为 U_P^*，农户选择不从正规（新型农村金融机构和传统金融机构）或者非正规金融机构融资的效用为 U_N^*。农户通过比较这两种效用的大小，来做出参与决策。如果 $U^* = U_P^* - U_N^* > 0$，农户将选择参与融资活动，然而，这些效用是主观的并无法观测到，而农户是否参与融资可以用可观测变量表示出来。

为了考察农户参与融资行为对其福利效果的影响，传统上一般采用普通最小二乘法（OLS）进行估计。在经典 Mincer 收入方程的基础上，考虑了农户个体以及家庭特征等因素对其收入和支出的影响，并参考刘辉煌等（2014）、曹瓅等（2014）的相关研究，设定农户家庭收入和支出决定方程。

六　本书的创新之处

与以往研究相比，本书具有以下创新点。

（1）构建新型农村金融机构支农效果的理论分析框架。基于博弈论和计划行为理论，分别从新型农村金融机构对农户正规信贷可得性、农户对新型农村金融机构贷款服务满意度、新型农村金融机构对农户福利影响三个方面构建本书理论分析框架，具有一定的创新性。

（2）构建分层模型，从农户微观视角探究新型农村金融机构对农户信贷可得性影响。本书运用陕西省和宁夏回族自治区的农户微观数据，采用 HLM 模型，分析新型农村金融机构对农户信贷可得性和信贷配给的影响，探究新型农村金融机构设立是否提高了农户的信贷可得性。新型农村金融机构覆盖对农户的完全数量信贷配给的影响显著为负，说明新型农村金融机构进入农村金融市场会降低其覆盖区域的农户完全数量信贷配给；新型农村金融机构覆盖对农户的信贷可得性的影响显著为正，说明新型农村金融机构的设立会提高其覆盖区域农户信贷可得性；新型农村金融机构覆盖对农户的成本和风险信贷配给以及部分数量信贷配给影响不显著，说明新型农村金融机构设立并不能改善其覆盖区域的农户由于交易成本和风险担心而产生的未申请贷款的情况，也不能改善覆盖区域农户信贷额度满意度。

（3）已有的研究大多从农户信贷可得性、满意度及福利效应的单一指标对新型农村金融机构支农效果进行分析，而本书则综合运用 HLM、Ologit 模型、Poisson Hurdle 模型和处理效应模型，分别从农户信贷可得性、满意度及福利效应三个方面，分析新型农村金融机构的支农效果。研究发现，新型农村金融机构可以提高农户的信贷可得性，降低农户的完全数量信贷配给。农户从新型农村金融机构贷款的意愿较强，表示愿意信贷的农户占样本农户的72.06%，且对新型农村金融机构贷款服务满意度评价较高，表示满意的农户占新型农村金融机构贷款农户的92.76%，但是真正从新型农村金融机构获得贷款的农户较少，仅占样本农户的22.42%，且从新型农村金融机构获得贷款的额度还处于较低的水平。农户对不同融资渠道的选择存在明显偏好，而传统农村金融机构是农户融资的主要选择渠道；农户新型农村金融机构融资对农户传统农村金融机构融资的选择具有强烈的替代效应，而农户新型融资对农户民间融资的选择具有强烈的互补效应，农户正规农村金融机构融资对农户民间融资的选择也存在强烈的互补效应。农户新型农村金融机构融资显著提高了农户家庭的福利水平。

（4）对比分析新型农村金融机构贷款和传统农村金融机构贷款对农户福利影响，进而分析其对农户福利影响差异。已有的研究对农户借贷福利的研究目前存在较大分歧，在此研究基础上，采用处理效用模型，分析新型农村金融机构融资对农户福利效应的影响。研究发现农户新型农村金融机构融资显著提高了农户家庭的福利水平，但是新型农村金融机构融资的农户福利效应小于传统农村金融机构融资的农户福利效应。采用QTE模型进行农户福利水平的分位数处理效应回归分析，发现对于具有较低福利水平的农户而言，新型农村金融机构融资对其的福利效应影响较大。新型农村金融机构融资对农户福利影响的系数随着分位点的提高而降低，其中各组中系数最大值与最小值的比率依次为3.26倍、2.34倍、4.64倍、1.33倍、2.2倍和6.98倍；其中，以农户生产性支出绝对影响的波动范围较大，以农户家庭年人均支出绝对影响的波动范围最小。

第二章
新型农村金融机构支农效果理论基础

本章首先对新型农村金融机构进行界定；其次理清新型农村金融机构发展的重要意义、主要经济功能和特点；最后在此基础上分别从新型农村金融机构对农户信贷可得性影响、农户对新型农村金融机构服务满意度、新型农村金融机构对农户福利影响三个方面构建本章理论分析框架。

一　概念界定

（一）新型农村金融机构界定

所谓新型农村金融机构，是相对于传统农村金融机构而言提出的，为了解决农村金融有效供给不足、农业自身抵御自然灾害能力差等问题，决策部门（主要指银监会）自 2006 年 12 月 20 日发布《关于调整放宽农村地区银行业金融机构准入政策更好支持社会主义新农村建设的若干意见》后，2008 年 5 月 4 日发布《关于小额贷款公司试点的指导意见》，2009 年 7 月制定《新型农村金融机构 2009～2011 年总体工作安排》，2010 年 4 月颁布《关于加快发展新型农村金融机构有关事宜》，2012 年 5 月出台《关于鼓励和引导民间资本进入银行业的实施意见》，村镇银行、小额贷款公司和资金互助社等多种类型的新型农村金融机构，则按相关规定在各地纷纷设立起来。银监会期望村镇银行、小额贷款公司等新型机构可以植根于农村社会，服务于农村广大中小企业和农户，解决农村金融有效供给不足、金融服务缺失等问题。2014年《关于推进基础金融服务"村村通"的指导意见》的提出，农村基础金融服务"村村通"工程得以鼓励实施，其中提出的总体目标是通过鼓励和引导的方式，使得各类银行业金融机构在各地纷纷设立新型农村金融机构，以求在五年时间内实现行政村基础金融服务全覆盖。这些相关意见、文件的出台和实施，有助于在农村地区尤其是西部地区形成农村金融工具多样化、投资多元化、服务高效化、业务覆盖全面化的农村金融服务体系。

（二）村镇银行的界定

所谓村镇银行则是指依据相关的法律法规，经过中国银行业监督管理委员会批准，设立在农村地区的一级法人机构。村镇银行作为新型农村金融机构的重点发展形式，其主要的出资人包括企业法人（境内非金融机构的企业法人和境内外的金融机构）和境内自然人。村镇银行的发起人通常则是由一家或多家境内银行业金融机构组成，随后企业和个人按一定比例出资共同设立。村镇银行设立的主要目的是服务于当地"三农"（农业、农民和农村），主要包括为当地"三农"发展提供存贷款等金融服务。

虽然村镇银行的投资人包括企业法人（境内非金融机构的企业法人和境内外的金融机构）和境内自然人两种，但不应该以非金融机构的企业法人和自然人为主，而是尽量以银行业金融机构为主。

《村镇银行管理暂行规定》（以下简称《暂行规定》）的颁布，对村镇银行的设立做了相关规定，其中包括：（1）在企业入股方面的规定。对于入股村镇银行设立的企业必须要求其拥有良好的财务状况，具体规定企业在入股前上一年度年终分配后，企业的净资产比例应该占全部资产的10%以上；(2)对于境内的自然人入股相关的规定。境内的自然人信用记录必须良好，且必须拥有完全民事行为能力；(3)对于企业和自然人的入股资金来源的规定。来源于企业和自然人的入股资金必须合法，其入股的资金不能是借贷资金和他人委托资金；(4)对于设立村镇银行管理人员和工作人员的相关规定。村镇银行的董事和高级管理人员必须符合任职资格条件，工作人员必须具备相应专业知识，并且具有相关的从业经验。

另外，《暂行规定》还对村镇银行的发起资本做了相关规定，即在乡（镇）和县（市）设立的村镇银行注册资本有不同的规定，村镇银行设立在乡（镇）和县（市）层面的注册资本分别为不得低于100万元和300万元人民币。《暂行规定》还对村镇银行的发起人和出资人做了相关规定。凡是出资设立村镇银行的发起人和出资人的持股比例超过村镇银行股本总额5%以上，则应该在出资设立或者加入村镇银行前报经当地银监局审批。[①] 另外，村镇银行的发起人（出资人）中，银行业金融机构应该至少有1家，并且银行业金融机构持股比例不低于20%，而对于非银行业企业法人和个人法人每家持股不能超过10%。

从以上的《暂行规定》中，非银行业企业法人和个人法人每家持股不能超过10%，可以看出村镇银行注册资本要求较低，投资人设立村镇银行的积极性在不断增强；但村镇银行的发起人（出资人）中，银行业金融机构应该至少有1家，并且银行业金融机构持股比例不低于20%，这样就既可以保证村镇银行有大股东做后盾，又可以使发起行的银行业金融机构为村镇银行设立和

---

① 吴治成. 2012. 农村新型金融组织风险管理研究. 东北农业大学博士论文.

经营提供丰富的经营管理经验。

村镇银行的成立与发展,是我国构建多层次、多元化、多功能的农村金融市场一次有益的尝试,村镇银行作为一种全新的农村金融组织形式,其设立的主要目的是扎根农村地区,为"三农"提供金融服务。和一般的银行业金融机构的经营业务一样,村镇银行可以发放短期、中期和长期贷款,也可以吸收社区公众存款,办理国内结算以及票据承兑与贴现业务,从事银行卡业务、代理兑付、承销政府债券和同业拆借业务,代理发行、保险业务和收付款项业务,以及包括经银行业监督管理机构批准的其他业务。

(三) 小额贷款公司的界定

所谓小额贷款公司则是指依据相关的法律法规,经过中国银行业监督管理委员会批准,设立在农村地区的有限责任公司。小额贷款公司作为新型农村金融机构的一种发展形式,其主要的出资人是农村合作银行或境内商业银行。小额贷款公司设立的主要目的是服务于当地农民、农业和农村经济发展,专门为当地"三农"(农业、农民和农村)提供贷款服务。

从其他银行业金融机构获得的融资、从投资人获得的借款以及小额贷款公司的实收资本是小额贷款公司的营运资金几个主要来源。其中相关文件对小额贷款公司融资金额做了相关规定,即小额贷款公司从其他银行业金融机构获得的融资余额不得超过其资本净额的50%。作为独立的企业法人,小额贷款公司依法享有民事权利以及法人财产权,并独立承担民事责任。投资设立小额贷款公司的投资者,依法享有重大决策、管理者任命以及资产收益等权利。

作为新型农村金融机构的一种组织形式,小额贷款公司开展的经营业务,服务于当地农民、农业和农村经济发展,并且应当坚持分散、小额的原则，避免发放的贷款过度集中，以达到提升农村地区贷款覆盖面的目的。例如，对于同一借款人而言，小额贷款公司发放给其的贷款余额不得超过小额贷款公司资本净额的10%；而对于集团企业客户而言，授信的额度不得超过小额贷款公司资本净额的15%。

专门为当地"三农"（农业、农民和农村）提供贷款服务应该成为小额贷款公司的经营服务宗旨，那么，小额贷款公司的经营业务范围应该包括：各项贷款业务的办理、各种类型的资产转让、贷款结算业务、票据贴现业务以及其他资产业务（中国银行业监督管理委员会批准）。

（四）农村资金互助社的界定

所谓农村资金互助社，则是经过中国银行业监督管理机构批准设立，社员通过自愿入股资金组成。作为新型农村金融机构的一种形式，农村资金互助社具有独立的企业法人资格，实行社员民主管理，其中社员主要是指乡（镇）和行政村的当地农村小企业和当地农户，它是一种互助性的银行业金融机构。农村资金互助社的设立主要是为社员提供存贷款业务和结算业务等方面的金融服务。

同样，银监会对农村资金互助社的设立做了相关规定。（1）对于发起人方面的规定。农村资金互助社的设立必须有10名以上的发起人，且发起人必须符合相关的规定条件要求；（2）对于设立资本方面的规定。银监会对农村资金互助社设立的资本做了相关要求，其中农村资金互助社设立的注册资本应为实缴资本；并且在乡（镇）层面和行政村层面的注册资本要求不同，其中在乡（镇）层面和行政村层面，设立的农村资金互助社的注册资本分别不得低于30万元人民币和10万元人民币。

作为一种互助性的银行业金融机构，吸收社员存款是农村资金互助社的主要资金来源渠道，此外，接受社会捐赠以及从其他银行业金融机构的融资也是农村资金互助社获得资金的重要渠道。与村镇银行以及小额贷款公司相比，农村资金互助的主要业务是吸收社员的存款以及向社员发放贷款，银监会规定其不能向非社员吸收存款和发放贷款，更不能向非社员办理其他金融业务；除此之外，农村资金互助还可购买金融债券和国债并且按有关规定办理结算业务和各类代理业务等。[①]

二　新型农村金融机构主要经济功能

（一）新型农村金融机构发展的重要意义

从国内外的研究文献可以看出，一个国家或者地区的经济发展水平决定了其辖区金融的发展水平，而从金融深化理论以及内生金融理论的推导，可以看出一个国家或者地区的金融反过来也会作用于当地经济，即金融发展可以促进经济增长。经济和金融存在相互作用的关系，即经济作为金融发展的基础，金融发展中信用关系的发展程度取决于当地经济发展水平；而金融作为现代经济发展的核心，经济的发展反过来也会受到金融发展的影响。因为经济与金融之间这种相互影响、相互作用的关系，金融体系的构建和发展则是应该考虑当地的经济发展情况而定。我国正处于经济发展的转型阶段，且各地经济发展存在较大的差距，正是因为经济和金融的关系，在新农村建设过程中，应该结合各区域城乡统筹发展，考虑到不同地区的经济发展水平的差异，必须针对当地农村经济发展状况，构建多样化、多层次的农村金融服务体系。

从农村金融创新发展来看，发展新型农村金融机构对促进我

---

① 吴治成.2012.农村新型金融组织风险管理研究.东北农业大学博士论文.

国西部地区经济发展具有重大意义，主要包括以下几个方面：首先，通过县域及以下行政单位设点，提高农村地区金融服务的覆盖率；其次，通过创新并提供农村信贷产品，增加农村资金市场的有效供给，形成农村金融市场的适度竞争；最后，解决农村地区金融机构支农效果不理想问题。我国农村地区（特别是经济落后的西部地区）金融服务供给不足，金融服务覆盖面较小，农户的金融服务需求并未得到有效满足，新型农村金融机构的出现，通过对农村信贷产品的创新，可以有效缓解农村金融供给和需求不均衡的问题，农村地区农业经营主体的金融服务质量不断提升，有效降低农户及农村企业融资的成本，满足其贷款需求。

(二) 新型农村金融机构发展的主要经济功能

(1) 满足农村金融需求，降低交易成本

交易成本和管理成本是农村金融交易的主要成本。其中，交易成本主要包括签约成本和信息成本，管理成本主要包括金融机构内外部管理成本。所谓签约成本，则是指由于农村地理位置或基础设施等带来的交易成本；所谓信息成本，则是指在克服信息不对称的同时产生的道德风险和逆向选择，并由此引发的交易成本；所谓管理成本主要指与金融机构的风险防范相关的机会成本以及其内部的管理成本。在我国西部，农村地区交通工具及条件相对落后，这导致农村偏远地区信息成本不断上升；再加上农村地区由于熟人社会而产生的金融交易隐性成本，使得农村地区金融交易成本不断地攀升。[1] 而新型农村金融机构的出现和发展，可以在不断提高农村地区金融服务的覆盖率的同时，通过金融业务创新，为农户和农村中小企业提供准确的信息，进而降低农户

---

[1] 刘锡良等.2007.转型时期我国农村金融改革政策研究——基于四川省梓潼县的安全研究.经济与管理研究，(3).

的信贷交易成本和新型农村金融机构的管理成本。

（2）优化农村资源的配置

随着各地区新型农村金融机构的设立和发展，以及新型农村金融机构在农村地区不断开展金融业务，农村资源的配置结构不断得到优化，农村资源的配置效率也在不断提高。由此而带来了农村地区农业产业机构的不断优化，农村地区经济发展和农民的收入水平也随之不断提高，从而进一步促进了农业现代化的发展，以及实现我国城乡一体化的发展目标。

（3）打通农村经济主体的资金融通渠道

新型农村金融机构的主要服务对象是农业经营主体，其中包括农户和农村中小企业。而新型农村金融机构的设立和发展，打通了农村经济主体的资金融通渠道，增加了农村地区资金的有效供给，有效地缓解了农户和农村中小企业在不同时期的资金余缺，满足了农村地区不同经济主体（特别是农户）多层次、多元化的金融服务需求，进而使农村社会的资金总效用得到有效提高。

（4）提供有效的支付和结算方式

在经济飞速发展的今天，商品交易也不断发展和频繁，商品和劳务交易必须通过支付手段和结算方式来实现，而随着支付手段和结算方式的不断创新，可以降低商品或劳务交易实现过程中所耗费的成本。而在农村金融机构相对较少的地区，尤其是西部偏远的农村地区普遍缺乏快捷有效的支付方式，农村贸易的发展则会相应受到限制，经济发展也会随之受限。而新型农村金融机构的设立和发展，可以通过金融支付手段和结算方式的不断创新，降低商品或劳务交易实现过程中所耗费的成本，为农村地区农户和农村中小企业提供有效的支付和结算方式。

（三）新型农村金融机构发展的特点

新型农村金融机构的设立有效地填补了农村地区金融服务的

空白，有助于提高农村地区金融服务的覆盖率，其兴起和发展有利于改善农村金融市场竞争局面，增加农村资金市场的有效供给。相对于其他农村金融机构而言，新型农村金融机构具有以下几个方面的特点。

（1）新型农村金融机构的注册资金较低

相对于传统农村金融机构（农村信用社、农村商业银行、中国农业银行等）而言，设立新型农村金融机构（村镇银行、小额贷款公司、农村资金互助社）所需要的注册资本金相对较少，对发起人的进入门槛要求也较低。例如，在村镇银行设立所需要的注册资本金方面，在乡（镇）和县（市）设立的村镇银行注册资本有不同的规定，村镇银行设立在乡（镇）和县（市）层面的注册资本分别是，不得低于100万元和300万元人民币。对于贷款公司的注册资本则有更低的要求，即不得低于50万元人民币。银监会针对农村资金互助社设立的资本要求，包括农村资金互助社设立的注册资本应为实缴资本，并且在乡（镇）层面和行政村层面的注册资本要求不同，在乡（镇）层面和行政村层面，设立的农村资金互助社的注册资本分别为不得低于30万元人民币和10万元人民币。

（2）新型农村金融机构服务于"三农"

村镇银行则是依据相关的法律法规，经过中国银监会批准，由企业法人（境内非金融机构的企业法人和境内外的金融机构）和境内自然人出资设立，主要目的是服务于当地"三农"（农业、农民和农村），主要包括为当地"三农"发展提供存贷款等金融服务的银行业金融机构。小额贷款公司则定位于依据相关的法律法规，经过中国银监会批准，主要由农村合作银行或境内商业银行出资，设立在农村地区的有限责任公司。小额贷款公司设立的主要目的是服务于当地农民、农业和农村经济发展，专门为当地"三农"（农业、农民和农村）提供贷款服务。农村资金互助社则是经过中国银行业监督管理机构批准设立，社员通过自愿入股资金组成。农村资金互助社的设立主要是为社员提供存贷款业务和结算业务等方面的金融服务，其中社员主要是指乡（镇）和行政村的当地农村小企业和当地农户，它是一种互助性的银行业金融机构。

(3) 股东以银行业金融机构为主，且持股比例较集中

新型农村金融机构的股东主要是以银行业金融机构为主，且持股比例较集中。例如，村镇银行作为新型农村金融机构的重点发展形式，其主要的出资人包括企业法人（境内非金融机构的企业法人和境内外的金融机构）和境内自然人。村镇银行的发起人通常则是由一家或多家境内银行业金融机构组成，随后企业和个人按一定比例出资共同设立。银监会发布的《暂行规定》对村镇银行的发起人和出资人做了相关规定。凡是出资设立村镇银行的发起人和出资人的持股比例超过村镇银行股本总额5%以上，则应该在出资设立或者加入村镇银行前报经当地银监局审批。另外，村镇银行的发起人（出资人）中，银行业金融机构应该至少有1家，并且银行业金融机构持股比例不低于20%，而对于非银行业企业法人和个人法人每家持股不能超过10%。

小额贷款公司作为新型农村金融机构的一种发展形式，其主要的出资人是农村合作银行或境内商业银行。从其他银行业金融机构获得的融资、从投资人获得的借款以及小额贷款公司的实收资本是小额贷款公司的营运资金几个主要来源。其中相关文件对小额贷款公司融资金额做了相关规定，即小额贷款公司从其他银行业金融机构获得的融资余额不得超过其资本净额的50%。小额贷款公司开展的经营业务，坚持分散、小额的原则，避免发放的贷款过度集中，对于同一借款人而言，小额贷款公司发放给其的贷款余额不得超过小额贷款公司资本净额的10%；而对于集团企业客户而言，授信的额度不得超过小额贷款公司资本净额的15%。

（4）新型农村金融机构的监管简单，目标明确

为了减少对新型农村金融机构的过多干预，以最大限度地激发新型农村金融机构的创新动力，银监会对其的监管简单明确。银监会对村镇银行、小额贷款公司等的监测指标和监管手段有不同的规定。其中，资本充足率在4%到8%之间，村镇银行应该增加非现场监管和现场检查，实行行之有效的资本补充计划；小额贷款公司应该督促限期补充资本金，增加非现场监管以提高资产质量；资本充足率低于8%大于2%时，农村资金互助社禁止从银行业金融机构筹资，加大对农村资金互助社的现场检查。资本充足率大于8%，适当减少对村镇银行、小额贷款公司的现场检查的频率和程度，允许农村资金互助社从银行业金融机构筹资。资本充足率低于4%时，责令村镇银行、小额贷款公司等新型农村金融机构调整所有业务，并且限期重组；资本充足率低于2%时，村镇银行、小额贷款公司等新型农村金融机构则由银行监管机构接管或者被撤销。

（5）新型农村金融机构的治理结构灵活

依据银监会相关规定，新型农村金融机构应该着重强调金融系统的实用性和有效性，新机构则不必局限于"三会"的形式，可以依据当地经济发展情况以及机构本身的实际情况，建立适合当地经济发展和机构运行的公司治理结构。由此可以看出，银监会对于新型农村金融机构的治理机构设置主要侧重于强调其灵活性、系统性和实用性，简便灵活。

三 新型农村金融机构支农效果理论框架

新型农村金融机构的兴起，有效地填补了农村地区（特别是经济落后的西部地区）金融服务的空白，可以更好地满足农村地区多层次的金融服务需求。本文基于博弈理论和计划行为理论，

第二章　新型农村金融机构支农效果理论基础

分别从新型农村金融机构对农户信贷可得性、农户对新型农村金融机构信贷服务满意度以及新型农村金融机构对农户福利三个方面展开研究。在分析新型农村金融机构支农效果方面，本文选择新型农村金融机构对农户信贷可得性、农户对新型农村金融机构服务满意度（意愿、行为、满意度）、新型农村金融机构对农户福利三个方面，来反映新型农村金融机构的支农效果。之所以选择这三个方面，主要是因为此三个方面分别可以从侧面反映新型农村金融机构的支农广度、深度和效益。其中，新型农村金融机构对农户信贷可得性分析，从侧面反映了新型农村金融机构的支农广度；农户对新型农村金融机构服务满意度分析（意愿、行为、满意度），从侧面反映了新型农村金融机构的支农深度；新型农村金融机构贷款对农户福利的影响分析，从侧面反映了新型农村金融机构的支农效益。

第一，通过设定乡（镇）和农户两个层面的因素，分析新型农村金融机构对农户正规信贷可得性的影响，其中，重点关注变量新型农村金融机构覆盖对农户正规信贷可得性的影响，探究其是否可以提高农户正规信贷可得性。

第二，此部分的研究样本选定设立了新型农村金融机构的区域的农户，分析其对新型农村金融机构借贷服务满意度及其影响因素。其中，为了更加全面地反映农户对新机构满意度的评价，分别从农户对新型农村金融机构的信贷意愿、行为、服务满意度及其影响因素展开分析。

第三，在清楚农户不同的借贷渠道（主要是新型农村金融机构和传统机构两个渠道）选择的关系（替代或者互补）的基础上，分别分析两种渠道借款对农户福利的影响，并对比分析两种融资渠道对农户福利的影响差异，以探究相对于传统机构而言新农机构的促进农户福利的效果。新型农村金融机构支农效果研究理论框架见图2-1。

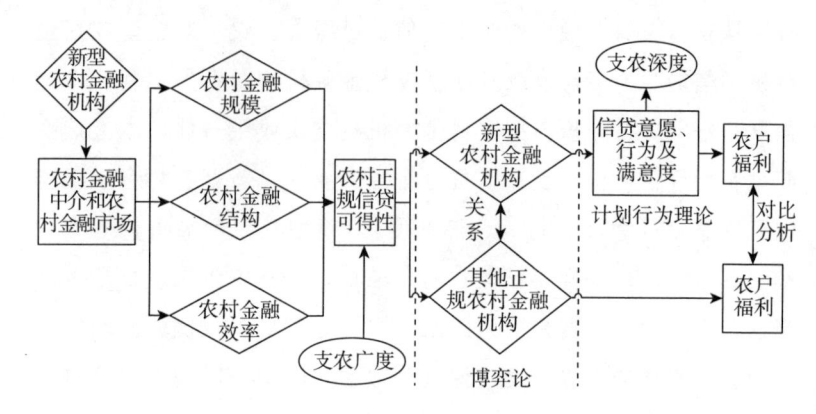

图 2-1 新型农村金融机构支农效果研究理论框架图

（一）新型农村金融机构与传统农村金融机构博弈分析

在构建新型农村金融机构支农效果研究的理论框架之前，本节首先通过建立传统农村金融机构与新型农村金融机构之间的博弈模型，分别从不同策略选择（新型农村金融机构的信息技术创新策略、竞争策略，传统农村金融机构的高利率策略和低利率策略），来分析传统农村金融机构与新型农村金融机构之间均衡状态。以理清传统农村金融机构与新型农村金融机构的关系。

本节分析是基于两个假设来进行博弈分析。其一，假设农村地区只存在传统与新型两类农村金融机构；其二，假设两类机构在策略选择时是理性的。传统农村金融机构存在高、低利率两种可供选择的策略。随着农村金融市场的增量改革，新农机构存在竞争和创新策略两种策略选择；其中，新型机构所采取的竞争策略，是指其并不进行农村金融产品的创新，而是经营与传统农村金融机构相类似的农村金融产品，即双方提供的农村信贷产品存在很大程度上的重合，进而进行直接的竞争；新型农村金融机构的信息技术创新策略，是指新型机构进行金融产品创新，提供农村经营主体差异化的服务，这里的差异化服务主要是针对传统农村金融机构而言，新型机构提供不同于传统农村金融机构信贷产品。新型与传统农村金融机构的博弈分析详见图2-2。

	传统农村金融机构	
新型农村金融机构	低利率策略	高利率策略
竞争策略	(R_1, Z_1)	(R_2, Z_2)
技术创新策略	(R_3, Z_3)	(R_4, Z_4)

图2-2 新型农村金融机构与传统农村金融机构博弈分析

通过对新型机构和传统机构的博弈分析,新型机构可分别采取信息技术创新策略和竞争策略,传统机构可分别采取高利率策略和低利率策略,可以看出其中的策略组合存在以下四种情形。

情形一,新型机构采取竞争策略,即新型机构经营与传统机构一样的借贷产品,而传统机构采取低利率策略。在这种情形下,新型机构与传统机构通过不断的竞争,产生了(R_1,Z_1)均衡解,即新型机构与传统机构的利润水平分别为R_1和Z_1。

情形二,新型机构采取竞争策略,即新型机构经营与传统机构一样的借贷产品,而传统机构采取高利率策略,即传统机构采取原来垄断经营时的高利率策略,由于此时传统机构的利率水平高于新型机构的利率水平,则会导致传统机构的一部分客户群体丢失,而转向从新型机构进行借贷,在这种情形下,新型机构与传统机构通过不断的竞争,产生了(R_2,Z_2)均衡解,即新型机构与传统机构的利润水平分别为R_2和Z_2,并且由于新型机构占领传统机构的一部分市场份额而导致$R_2 > R_1$,$Z_2 < Z_1$。

情形三,新型机构通过信贷产品的不断创新,采取信息技术创新策略,以提供区别于传统机构的信贷产品,而此时传统机构采用低利率竞争策略。在这种情形下,新型机构与传统机构产生了(R_3,Z_3)均衡解,即新型机构与传统机构的利润水平分别为R_3和Z_3。

情形四,新型机构通过信贷产品的不断创新,采取信息技术创新策略，以提供区别于传统机构的信贷产品，而此时传统机构采用高利率竞争策略。在这种情形下，新型机构与传统机构产生了（R_4，Z_4）均衡解，即新型机构与传统机构的利润水平分别为R_4和Z_4。同样，因为新型机构通过金融产品创新，采取信息技术创新策略，提供区别于传统机构的信贷产品，由于新型机构开发出不同于传统机构的市场，新型机构不会占领传统机构的市场份额，所以可以看出$R_2 < R_4$，$Z_3 = Z_4$。

首先假设新型机构和传统机构是理性的，如果$R_3 < R_1$，即新型机构采取信息技术创新策略的利润水平小于采取竞争策略的利润水平，说明新型机构采用信息技术创新策略严格劣于竞争策略，在此时，竞争策略成为新型机构的最优选择策略。同时，当新机构选择竞争策略时，传统机构也存在两种选择策略（高利率策略和低利率策略），由于$Z_2 < Z_1$，即传统机构采取低利率策略的利润水平高于采取高利率策略的利润水平，则传统机构选择采取低利率策略，以应对新机构的竞争策略。通过双方的博弈分析，得出新型机构与传统机构的均衡解为（R_1，Z_1），即重复剔除占优的均衡策略为竞争策略，低利率策略。

同样假设新型机构和传统机构是理性的，如果新型机构采取不同策略的利润水平为$R_1 < R_3 < R_2$，对于新型机构而言则存在两种策略，若新型机构采取信息技术创新策略时，传统机构通过对比分析高利率和低利率策略，将选择高利率策略，而此时（信息技术创新策略，高利率策略）策略的利润水平为（R_4，Z_4），即为这种情形下的均衡解；若新型机构采取竞争策略，则由于$Z_2 < Z_1$，即传统机构采取低利率策略时的利润水平高于采取高利率策略，传统机构则会采取低利率策略，即（竞争策略，低利率策略）为此时的均衡策略；我们称这种均衡策略为混合战略的纳什均衡，究竟采取哪一个均衡策略，取决于新型农村金融机构和传统农村金融机构在分别采取不同策略（新型机构采取竞争和信息

技术创新策略，传统机构采取高利率和低利率策略）时候的概率。

如果新型机构采取不同策略的利润水平为 $R_3 > R_2 > R_1$，因为对于新型机构而言，选择信息技术创新策略的利润水平 R_3 高于选择竞争策略的利润水平 R_2 和 R_1，信息技术创新就成为新型机构的严格占优策略。通过表2-1可以看出，此时高利率策略成为传统机构的最优选择，而此时表格第四象限的均衡策略（信息技术创新策略，高利率策略）为新型机构和传统机构的重复剔除的占优均衡解，其博弈均衡解的利润水平为 (R_4, Z_4)。

（1）新型农村金融机构信息技术创新策略均衡分析

从以上的新型机构和传统机构的博弈分析可以看出，如果 $R_3 < R_1$，即新型机构采取信息技术创新策略的利润水平小于采取竞争策略的利润水平，在此时竞争策略成为新型机构的最优选择策略。如果新型机构采取不同策略的利润水平为 $R_1 < R_3 < R_2$，对于新型机构而言则存在两种策略，若新型机构采取信息技术创新策略时，传统机构通过对比分析高利率和低利率策略，将选择高利率策略，而此时（信息技术创新策略，高利率策略）策略的利润水平为 (R_4, Z_4)，即为这种情形下的均衡解；若新型机构采取竞争策略，则由于 $Z_2 < Z_1$，即传统机构采取低利率策略时的利润水平高于采取高利率策略，传统机构则会采取低利率策略，即（竞争策略，低利率策略）为此时的均衡策略。如果新型机构采取不同策略的利润水平为 $R_3 > R_2 > R_1$，因为对于新型机构而言，选择信息技术创新策略的利润水平 R_3 高于选择竞争策略的利润水平 R_2 和 R_1，所以新型机构应该采取严格占优的信息技术创新策略。

新型机构可以选择经营与传统机构一样的传统借贷业务，也可以采取农村金融产品创新，选择差异化的服务。而如果当新型机构采取竞争策略时，竞争带给新型机构利润水平并不理想的情况下，新型农村金融机构则会通过不断的金融创新，进而降低信息获取成本,并从中获取更多的利润。

在进行新型农村金融机构信息技术创新策略均衡分析前,首先假设新型机构所提供的金融创新产品具有独创性,且具有永久性的专利保护。艾伦和盖尔(1994)建立了金融机构创新模型[①],本节通过借鉴金融机构创新模型,构建新型机构信息技术创新模型。假设新型机构可以选择经营与传统机构一样的传统借贷业务时候的效用为 $U(A)$,采取农村金融产品创新,选择差异化的服务产品创新的效用为 $U(A')$,而金融产品创新需要投入相应的成本,农村金融产品创新单位成本为 C。则此时新型机构的利润函数表达式为:

$$\pi = U(A') - U(A) - C(A' - A) \qquad (2-1)$$

其中,式子(2-1)中 A 表示农村金融市场上在产品创新前的金融产品数目,A' 表示农村金融市场上在产品创新后的金融产品数目。

只有在 $U(A') - U(A) \geq C(A' - A)$ 的情况下,新型机构才会采取农村金融产品创新,选择差异化的服务产品创新。创新给新型机构带来的利润越多,即创新所带来的效用水平 $U(A') - U(A)$ 远远大于其投入成本 $C(A' - A)$,新型机构选择差异化的服务产品创新的积极性则会越高。

对式子(2-1)求一阶条件,可得:

$$U(A') = C \qquad (2-2)$$

从式子(2-2)中可以看出,通过对新型机构的利润函数求导得到均衡时,新型机构创新的边际收益等于其产品创新的边际成本。

通过前面分析,当新型机构通过金融产品创新所带来的效用

[①] Alien F., and Gale, D. 1994. Financial innovation and Risk Sharing. MIT Press.

水平 $U(A') - U(A)$ 大于其的投入成本 $C(A' - A)$ 时,新型机构才会采取农村金融产品创新,选择差异化的服务产品创新。而且当这种创新所带来的收益与其的投入成本之间的差距越大时,即新型机构通过金融产品创新所带来的效用水平 $U(A') - U(A)$ 远远大于其的投入成本 $C(A' - A)$ 时,新型机构选择差异化的服务产品创新的积极性则会越高,从中获得的创新利润也会随之越来越多。

(2)新型农村金融机构竞争策略均衡分析

从以上的新型机构和传统机构的博弈分析可以看出,如果 $R_3 < R_1$,即新型机构采取信息技术创新策略的利润水平小于采取竞争策略的利润水平,在此时竞争策略成为新型机构的最优选择策略。如果新型机构采取不同策略的利润水平为 $R_1 < R_3 < R_2$,若新型机构采取竞争策略,则由于 $Z_2 < Z_1$,即传统机构采取低利率策略时的利润水平高于采取高利率策略,传统机构则会采取低利率策略,即(竞争策略,低利率策略)为此时的均衡策略。

在进行新型机构竞争策略均衡分析之前,假设新型机构通过在农村地区设立地址区别于传统机构,新型机构可以通过更加靠近农村,更加贴近农户,降低农户获取信息的成本,进而实现与传统机构的竞争。这里假定农业经营主体的信贷成本为 C,信贷成本的大小主要取决于农业经营主体到达新型机构或者传统机构的距离大小,即农业经营主体的信贷成本与其到新型机构或者传统机构的距离成正比,假设农业经营主体处于一条长度单位为 1 的线上,传统机构设立地址在 0 点上,新型机构设立地址在 1 点上,这里假设农业经营主体到达新型机构或者传统机构的单位距离成本为 b,那么从传统机构进行借贷的农业经营主体的信贷成本为 bx;如果农业经营主体选择从新型机构进行借贷,其的信贷成本则为 b(1 - x)。

传统机构与新型机构进行竞争博弈分析时,其均衡存在的纳什均衡。在这里假设传统机构借贷的利率为 r_1，而新型机构的利率为 r_2，若在长度单位为 1 的线上借贷主体处于 x 点，并且其在新型机构与传统机构进行贷款均没有差别，如果借贷主体处于 x 点的左边，那么出于理性的考虑，农业经营借贷主体将从传统机构申请贷款；如果借贷主体处于 x 点的右边，那么同样出于理性的考虑，农业经营借贷主体将从新型机构申请贷款。从上面可以看出从传统机构进行借贷的农业经营主体的贷款需求为 $L_1 = x$，从传统机构进行借贷的农业经营主体的贷款需求为 $L_2 = 1 - x$。那么从传统机构进行借贷的农业经营主体的贷款需求 x 则应该有：

$$r_1 + bx = r_2 + b(1-x) \quad (2-3)$$

通过求解式（2-3）得出：

$$L_1(r_1, r_2) = x = \frac{r_2 - r_1 + b}{2b} \quad (2-4)$$

$$L_2(r_1, r_2) = 1 - x = \frac{r_1 - r_2 + b}{2b} \quad (2-5)$$

通过式子（2-3）和式子（2-4）可以推导出农业经营主体从传统机构进行借贷的利润函数：

$$\pi_1(r_1, r_2) = (r_1 - C)L_1(r_1, r_2) = \frac{(r_1 - C)(r_2 - r_1 + b)}{2b} \quad (2-6)$$

通过式子（2-3）和式子（2-4）可以推导出农业经营主体从新型机构进行借贷的利润函数：

$$\pi_2(r_1, r_2) = (r_2 - C)L_2(r_1, r_2) = \frac{(r_2 - C)(r_1 - r_2 + b)}{2b} \quad (2-7)$$

对农业经营主体从传统机构进行借贷的利润函数式子（2-6）求一阶条件得：

$$\frac{\partial \pi_1}{\partial r_1} = r_2 + C + b - 2r_1 = 0 \quad (2-8)$$

对农业经营主体从传统机构进行借贷的利润函数式子（2-7）求一阶条件得：

$$\frac{\partial \pi_2}{\partial r_2} = r_1 + C + b - 2r_2 = 0 \qquad (2-9)$$

通过式子（2-8）和式子（2-9）进而求出处于均衡条件下的利率水平：

$$r_1^* = r_2^* = C + b \qquad (2-10)$$

那么，传统机构与新型机构的利润为：

$$\pi_1 = \pi_2 = \frac{b}{2} \qquad (2-11)$$

农业经营主体的信贷成本的大小主要取决于农业经营主体到达新型机构或者传统机构的距离大小。农业经营主体的信贷成本越高，处于均衡状态的利率水平也会越高，农业经营主体从传统机构或者传统机构进行借贷的均衡利润水平也会越高。当农业经营主体的信贷调查成本趋近于0，传统机构提供给借贷需求者的信贷产品则会完全替代新型机构提供的贷款产品，这种状态也就达到了伯川德均衡状态[①]。在前文分析中，假设农业经营主体处于一条长度单位为1的线上，传统机构设立地址在0点上，新型机构设立地址在1点上，可以看出新型机构和传统机构处于两个极端位置上，但是出于现实考虑，若传统机构与新型机构并不处于两个极端位置上，设立的位置较为接近时，并且新型机构经营和传统机构相一致的信贷产品，借贷的利率水平则会成为信贷需求主体唯一关心的信息，唯一的均衡状态即为伯川德均衡：

$$r_1^* = r_2^* = C, \ \pi_1 = \pi_2 = 0 \qquad (2-12)$$

---

① Bertand, J. 1883. Theorie Mathematiquede la Richesse Sociaie. *Journal des Savants*: 499-508.

通过以上分析可以看出，新型机构通过贴近农户的设立地址，可降低农户获取信息的成本，进而实现与传统机构的竞争，提高农村金融竞争。若传统机构与新型机构并不处于两个极端位置上，设立的位置较为接近时，并且新型机构经营和传统机构相一致的信贷产品，借贷的利率水平则会成为信贷需求主体唯一关心的信息，无论是传统机构还是新型机构均不能从农业经营主体的信贷中获得超额的利润。

在农村地区的借贷市场上，若村镇银行、资金互助社和小额贷款公司等新型机构采取竞争策略，则村镇银行与传统农村金融机构的主要竞争客户群体是收入水平中等、信用水平良好、借贷额度适中的农业经营主体；小额贷款公司、农村资金互助社与传统农村金融机构的主要竞争客户群体是收入水平较低、借贷需求较小的农业经营主体；与传统金融机构相比，新型农村金融机构在收入水平高、贷款额度较大、信用水平高的农业经营主体竞争中并不占有优势。

通过运用博弈论，对新型机构和传统机构进行博弈分析，进一步理清新型农村金融机构的发展策略选择。若新型机构采取信息技术创新策略，新型机构才会采取农村金融产品创新，选择差异化的服务产品创新。而且当这种创新所带来的收益与其的投入成本之间的差距越大时，即新型机构通过金融产品创新所带来的效用水平 $U(A')-U(A)$ 远远大于其的投入成本 $C(A'-A)$ 时，新型机构选择差异化的服务产品创新的积极性则会越高，从中获得的创新利润也会随之越来越多，则新型农村金融机构的互补效应越显著。若新型机构采取竞争策略，新型机构通过在农村地区设立地址区别于传统机构，新型机构可以通过更加靠近农村，更加贴近农户，通过降低农村借贷者的贷款利率水平，降低农户获取信息的成本，进而实现与传统机构的竞争，占领传统机构的一部分客户资源，则新型农村金融机构的替代效应越显著，新型农村金融机构对传统农村金融机构的替代效应越强，则农村金融市场的竞争水平会越高，从而降低了农村地区的贷款利率水平，并且可以提高农村金融服务的广度和深度，促进农民收入的提高。

（二）新型农村金融机构对农户信贷可得性影响理论分析

一般而言，农村地区农业经营主体的借贷需求呈现一定的特点，即信贷需求的紧迫性、周期性和临时性。在未设立新型农村金融机构之前，我国农村地区（特别是经济落后的西部地区）传统金融机构由于其垄断地位，金融服务供给不足，金融服务交易手续繁琐，进而提升了交易成本，农户的金融服务需求并未得到有效满足，迫使农业经营主体选择民间金融作为借贷的替代选择。在我国西部，农村地区交通工具及条件相对落后，这导致农村偏远地区信息成本不断上升；再加上农村地区由于熟人社会而产生的金融交易隐性成本，使得农村地区金融交易成本不断攀升。新型农村金融机构的主要特点在于其组织结构单一，机制灵活，决策迅速，并可通过征信系统等专业手段，使贷款的审批发放相对其他金融机构更有效率。同时，新型农村金融机构的设立和发展，可以在不断提高农村地区金融服务的覆盖率的同时，通过金融业务创新，为农户和农村中小企业提供准确的信息，进而降低农户的信贷交易成本和新型农村金融机构的管理成本，缓解农户信贷配给程度，提高农户信贷可得性。新型农村金融机构缓解农户信贷配给，提高农户信贷可得性的具体作用机制详见图2-3。

（1）熟人社会机制。交易成本和管理成本是农村金融交易的主要成本。其中，交易成本主要包括签约成本和信息成本，管理成本主要包括金融机构内外部管理成本。所谓签约成本，则是指由于农村地理位置或基础设施等带来的交易成本；所谓信息成本，则是指在克服信息不对称的同时产生的道德风险和逆向选择，并由此引发的交易成本；所谓管理成本主要指金融机构的风

```
新型农村金融机构 → 熟人社会机制 → 减少贷前审查成本 → 缓解农户信贷配给 提高农户信贷可得性
              → 监督机制
              → 社会规范机制    → 减少贷后监督成本
```

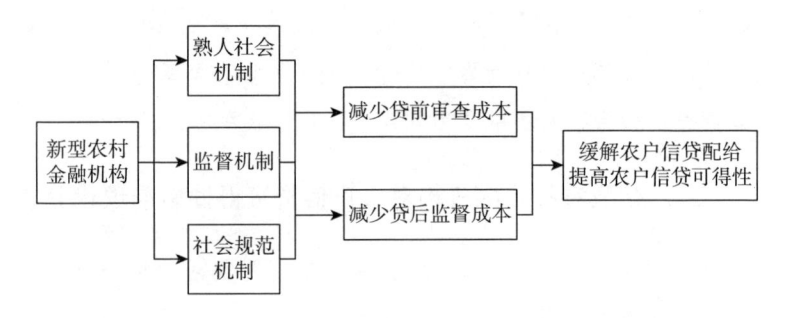

图 2-3　新型农村金融机构提高农户信贷可得性作用机制示意

险防范相关的机会成本以及其内部的管理成本。传统农村商业金融机构,为了降低信贷风险、信贷审查和监督成本,要求申请借贷的农业经营主体提供较多的抵质押品和担保品,提高了农户的信贷进入壁垒。基于农村地区亲缘、地缘等关系,农村社会形成了一种熟人社会机制,而新型农村金融机构可以发挥其服务"三农",扎根农村地区,降低农业经营主体的贷前审查成本,进而提升农业经营主体的信贷可得性。

(2) 监督机制。新型农村金融机构应该发挥其服务"三农",扎根农村地区,在如今社会人际关系逐渐陌生人化的情况下,农村社会形成了一种熟人社会机制,可以采取农村信贷产品创新策略,提供多元化的信贷服务,其中包括各种类型的担保贷款及担保、抵押混合贷款。其中,在农户"三户联保""五户联保"等创新贷款产品的合约设计中,监督机制在其中起到了重要的作用,这一点主要体现在对借贷农户担保条件。根据农户担保贷款的规定,贷款户和担保户分为一组,如果借款者无法按时偿还贷款,则应该由联保在一起的同组农户替其履行借贷合约,这种联保贷款的实施,可以将贷款人和担保人风险捆绑在一起,实现农户贷款的"互利互助,共担风险",这样新型农村金融机构在实施贷款业务时成本将会大大降低,进而缓解农户正规信贷配给,提高农户信贷可得性。

(3) 社会规范机制。农村资金互助社作为新型农村金融机构的一种创新组织形式，其属于内生于农村地区组织，能够利用农村地区亲缘、地缘等关系中的社会规范，对于具有投机主义的村镇成员，起到有效的约束作用。因为处于同一组（贷款农户和担保农户）的农户一旦发生借贷违约现象，则会受到农村社会的制裁，损失其的社会声誉和降低其社会地位；因此，这种基于农村地区亲缘、地缘等关系中的社会规范，可以看做是抵质押品和担保品的替代，进而降低有信贷需求的农业经营主体信贷申请壁垒，提升其对农户的信贷可得性。

（三）新型农村金融机构服务满意度理论分析

针对新型金融机构借贷服务满意度，国内有少数学者进行了研究。李桂琴等（2014）通过对不同行业客户的分析研究发现，金融服务、新产品的推出速度、银行的可靠性和产品价格是影响农户商业银行满意度重要因素。王芹等（2014）采用排序选择模型，基于陕西和宁夏农户样本，分析农户对新型农村金融机构借贷服务满意度及其影响因素，发现，西部地区农户新型农村金融机构借贷服务满意度还有待提高，农户更期望从小额贷款公司获得生产经营所需的资金。

基于多属性理论和理性行为理论，计划行为理论得以发展应用（Theory of Planned Behavior，TPB）。多属性理论强调个体对行为的评价和预期决定了个体行为态度，而态度决定意向。基于此，Fishhein 和 Ajzen 提出了理性行为理论，它强调评价和预期决定了行为态度，态度决定意向，意向决定行为产生。Ajzen et al.（1991）在理性行为理论的基础上，提出计划行为理论，它强调个体的行为意愿不仅受到个体的主观规范和行为态度的影响，还应该受到个体知觉行为控制的影响，而行为意向又影响个体行为产生。

为了更加全面地反映新型农村金融机构支农效果，本文所设计的农户新型农村金融机构借贷参与行为结构分析模型，分别为农户新型农村金融机构借贷意愿、农户新型农村金融机构贷款行为，获得新型农村金融机构贷款农户对其服务满意度评价。其中，农户新型农村金融机构贷款行为包括农户是否从新型农村金融机构申请贷款、农户是否从新型农村金融机构获得贷款以及贷款的额度。根据本文的研究，所设计的 TPB 结构模型图如图 2-4 所示。

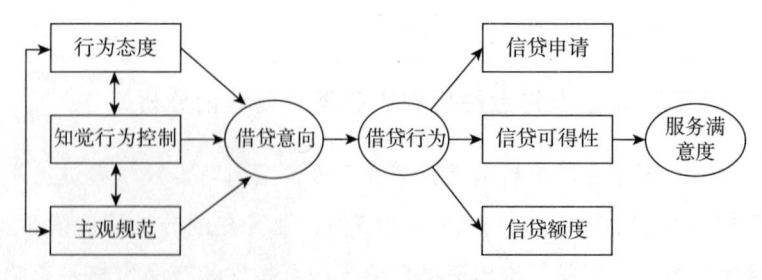

图 2-4 计划行为理论结构模型示意

农业经营主体从新型农村金融机构进行借贷行为，它是农业经营主体有计划的决策，符合计划行为理论的范畴。其中，农业经营主体从新型农村金融机构进行借贷行为的态度（Attitude）是农业经营主体对新型农村金融机构进行借贷行为的认知与评价。农户的新型农村金融机构借贷态度反映了农户对新型农村金融机构借贷的认知以及从新型农村金融机构借贷的倾向。农户对新型农村金融机构借贷的认知度越深、评价越好，则其从新型农村金融机构借贷的可能性就越大；反之，如果农户对新型农村金融机构借贷服务不认同、对新型农村金融机构借贷的评价不好，则其主观上就不愿意从新型农村金融机构进行借贷。

农业经营主体从新型农村金融机构进行借贷行为的主观规范（Subjective Norm）是农业经营主体在决定从新型农村金融机构进行借贷时所感受到的外界压力，它反映的是家庭成员或者村集体其他成员、农村金融机构或农村金融制度等对农业经营主体决策的影响力。农业经营主体从新型农村金融机构借贷的主观规范是农户（特别是户主）或者农村中小企业在从新型农村金融机构进行借贷时，可能受到来自村集体中周围邻居的认同或歧视、新型农村金融机构对信贷的约束或激励、家庭成员的鼓励或反对等方面的推力或压力。

农业经营主体从新型农村金融机构进行借贷行为的知觉行为控制（Perceived Behavioral Control）是农业经营主体感知自身在从新型农村金融机构进行借贷行为时的难易程度和可控能力。它反映的是农业经营主体对从新型农村金融机构进行借贷行为的意志控制会受到非意志力现实因素的约束。农户新型农村金融机构借贷的知觉行为控制是农户对促进或阻碍新型农村金融机构借贷行为执行时的因素考量，包括家庭禀赋资源、社会资源以及过去的金融机构借贷经验总结。

（四）新型农村金融机构对农户福利影响理论分析

在进行新型农村金融机构对农户福利影响分析之前，首先假设农村金融市场中仅包括传统农村金融机构与新型农村金融机构两大类。在未设立新型机构之前，农村金融市场上仅存在传统金融机构，即农村地区中传统机构是唯一一个提供给农业经营主体信贷产品的机构，具有绝对的垄断地位。而通过对农村地区金融的增量改革，新型机构不断在农村地区设立和发展起来，通过前文新型机构与传统机构博弈分析发现，相对于传统机构而言，新型机构可以采取竞争策略，也可以采取技术创新策略，当新机构采取信息技术创新时，选择差异化的服务产品创新。而且当新型机构通过金融产品创新所带来的效用水平 $U(A') - U(A)$ 远远大于其投入成本 $C(A' - A)$ 时，新型机构选择差异化的服务产品创新的积极性则会越高，从中获得的创新利润也会随之越来越多，则新型农村金融机构的互补效应越显著。若新型机构采取竞争策略，新型机构通过在农村地区设立地址区别于传统机构，新型机构可以通过更加靠近农村，更加贴近农户，通过降低农村借贷者的贷款利率水平，降低农户获取信息的成本，进而实现与传统机构的竞争，占领传统机构的一部分客户资源，则新型农村金融机构的替代效应越显著，新型农村金融机构对传统农村金融机构的替代效应越强，则农村金融市场的竞争水平会越高，从而降低了农村地区的贷款利率水平，并且可以提高农村金融服务的广度和深度。

假设在农村地区包括两类农业经营主体，农业经营主体 a 和农业经营主体 b，农业经营主体 a 主要是从传统金融机构申请并获得借贷服务群体，主要是一些收入水平高、贷款额度较大、信用水平高的农业经营主体；农业经营主体 b 主要是并没有从传统金融机构获得借贷服务群体，即在新型金融机构进入农村金融市场前，这部分农业经营主体是被农村正规金融排除在外的农村客户群体，在新型金融机构进入农村金融市场后，农业经营主体 b 则可以从新型金融机构申请并获得借贷服务。

(1) 基本生产函数假设

A. 农村经营主体 a

农业经营主体 a 主要通过投入资本和劳动力来进行其生产经营活动，农业经营主体 a 的生产函数可以表示为：

$$Q_a = A_a [\min(K_a, L_a/m)]^\alpha \quad (0 < \alpha < 1) \quad (2-13)$$

其中，式子（2-13）中，农业经营主体 a 的农业生产经营产出数量用 Q_a 表示，A_a 表示农业经营主体 a 的所拥有的技术水平，K_a 表示农业经营主体 a 生产经营活动中资本投入水平，L_a 表示农业经营主体 a 生产经营活动中劳动力投入水平，m 和 α 表示固定参数，式子（2-13）中，$0 < \alpha < 1$ 反映了农业经营主体 a 生

产经营活动中要素投入的边际报酬递减规律,即随着农业经营主体 a 生产经营活动中资本和劳动力投入的增加,边际产出将会呈现递减趋势。

农业经营主体 a 的利润函数可以表示为:

$$\pi_a = P_a Q_a - r_a K_a - w L_a = P_a A_a [\min(K_a, L_a/m)]^\alpha - r_a K_a - w L_a \quad (2-14)$$

式子(2-14)中,π_a 表示农业经营主体 a 通过农业生产经营活动所获得的利润水平,即农业经营主体 a 的收入;农业经营主体 a 所生产的农产品的价格用 P_a 表示;农业经营主体 a 从传统农村金融机构进行借贷选择时的借贷利率用 r_a 表示,由于此部分农户多数为农业生产大户,需要雇用劳动力,所以式子(2-14)中 w 表示农业经营主体 a 雇用劳动力所支付的工资。

B. 农村经营主体 b

农业经营主体 b 也主要通过投入资本和劳动力来进行其生产经营活动,但是因为农业经营主体 b 家庭主要的劳动力投入是家庭成员,不需要再雇用其他的劳动人员,所以农业经营主体 b 在农业生产经营过程中,对于劳动力的投入是固定的。农业经营主体 b 的生产函数可以表示为:

$$Q_b = A_b K_b^\theta \bar{L}^{1-\theta} \quad (0 < \theta < 1) \quad (2-15)$$

式子(2-15)中,农业经营主体 b 的农业生产经营产出数量用 Q_b 表示,A_b 表示农业经营主体 b 家庭所拥有的农业技术水平,K_b 表示农业经营主体 b 生产经营活动中资本投入水平,因为农业经营主体 b 在农业生产经营过程中,对于劳动力的投入是固定的,所以 $\bar{L}$ 表示农业经营主体 b 在生产经营活动中劳动力投入水平,θ 表示固定参数,式子(2-15)中,$0 < \theta < 1$ 反映了农业经营主体 b 生产经营活动中要素投入的边际报酬递减规律,即随着农业经营主体 b 在生产经营活动中资本和劳动力投入的增加,

边际产出将会呈现递减趋势。

农业经营主体 b 的利润函数可以表示为：

$$\pi_b = P_b Q_b - r_b K_b = P_b A_b K_b^\theta \bar{L}^{1-\theta} - r_b K_b \qquad (2-16)$$

式子（2-16）中，π_b 表示农业经营主体 b 通过农业生产经营活动所获得的利润水平，即农业经营主体 b 的收入；农业经营主体 b 所生产的农产品的价格用 P_b 表示，农业经营主体 b 从传统农村金融机构进行借贷选择时的借贷利率用 r_b 表示。

C. 传统农村金融机构 c

对于传统农村金融机构 c 而言，只有农业经营主体 a 可以从传统机构获得贷款，其利息收入主要由其贷款的利率和贷款的发放量决定，即 $r_c K_c$ 为传统农村金融机构的收入，传统农村金融机构向农业经营主体 a 发放贷款需要付出成本，这里假定其为 C_a。

通过分析可以得到传统金融机构向农业经营主体 a 发放贷款的利润函数方程的表达式：

$$\pi_c = r_c K_c - C_a K_c \qquad (2-17)$$

式子（2-17）中，π_c 表示传统金融机构向农业经营主体 a 发放贷款的所获得的利润，r_c 表示传统金融机构向农业经营主体 a 发放贷款的利率，K_c 表示传统金融机构向农业经营主体 a 发放的贷款额度。

D. 新型农村金融机构 d

不同于传统农村金融机构，对于新型农村金融机构而言，其金融服务的主要对象包括农业经营主体 a 和农业经营主体 b 两大类。假定 r_{da} 表示农业经营主体 a 从新型机构获得信贷的利率水平，r_{db} 表示农业经营主体 b 从新型机构获得信贷的利率水平；K_{da} 表示农业经营主体 a 从新型机构获得信贷的额度，K_{db} 表示农业经营主体 b 从新型机构获得信贷的额度；C_a 表示农业经营主体 a 从新型机构获得信贷所需支付的信贷成本；C_b 表示农业经营主体 b

从新型机构获得信贷所需支付的信贷成本。

通过分析可以得到新型金融机构向农业经营主体 a 发放贷款的利润函数方程的表达式：

$$\pi_{da} = r_{da}K_{da} - C_a K_{da} \tag{2-18}$$

同样，通过分析可以得到新型金融机构向农业经营主体 b 发放贷款的利润函数方程的表达式：

$$\pi_{db} = r_{db}K_{db} - C_b K_{db} \tag{2-19}$$

（2）新型农村金融机构未进入农村金融市场的均衡分析

在没有进行农村金融增量改革之前，农村金融市场仅存在传统农村金融机构，其在农村地区处于绝对的垄断地位，而此时，传统农村金融机构的主要服务对象农业经营主体 a，而农业经营主体 b 并未能从传统农村金融机构获得贷款。传统农村金融机构在农村地区的绝对垄断地位，使得其可以制定贷款利率，以达到其经营利润的最大化的目的。

对农业经营主体 a 的利润函数，即式子（2-14）求一阶条件：

$$\alpha P_a A_a K_a^{\alpha-1} - r_a - wm = 0 \tag{2-20}$$

通过式子（2-20）得到农业经营主体 a 的资金借贷需求函数表达式：

$$K_a = \left(\frac{\alpha P_a A_a}{r_a + wm} \right)^{\frac{1}{1-\alpha}} \tag{2-21}$$

对传统金融机构向农业经营主体 a 发放贷款的利润函数，即式子（2-17）求一阶条件：

$$K_c + r_c \frac{\partial K_c}{\partial r_c} - C_a \frac{\partial K_c}{\partial r_c} = 0 \tag{2-22}$$

通过式子（2-22）可以得到传统金融机构向农业经营主体 a 发放贷款的资金供给函数：

$$K_c = K_c(r_c) \qquad (2-23)$$

均衡状态下有：

$$r_c = r_a \qquad (2-24)$$

$$K_c = K_a \qquad (2-25)$$

把农业经营主体 a 的资金借贷需求即式子（2-21）代入到式子（2-22）中：

$$K_a + r_a \frac{\partial K_a}{\partial r_a} - C_a \frac{\partial K_a}{\partial r_a} = 0 \qquad (2-26)$$

可以求得均衡状态下，农业经营主体 a 从传统农村金融机构获得贷款的贷款利率水平为 r_a^*，农业经营主体 a 从传统农村金融机构获得贷款供给量为：

$$K_a^* = \left(\frac{\alpha P_a A_a}{r_a^* + wm} \right)^{\frac{1}{1-\alpha}} \qquad (2-27)$$

且

$$r_a^* = C_a + \frac{K_a^*}{\left(-\frac{\partial K_a^*}{\partial r_a^*} \right)} > C_a \qquad (2-28)$$

从而得出在均衡状态下，农业经营主体 a 的收入水平：

$$S = mwK_a = mw \left(\frac{\alpha P_a A_a}{r_a^* + wm} \right)^{\frac{1}{1-\alpha}} \qquad (2-29)$$

通过式子（2-27）可以看出，农业经营主体的收入水平取决于农业技术水平、农产品的单位价格以及农业经营主体的贷款利率。

（3）新型农村金融机构设立之后的均衡分析

A. 新型农村金融机构设立对于农业经营主体 a 的影响

在新型农村金融机构进入到农村金融市场后，新型机构可以通过更加靠近农村，更加贴近农户的设立地址，尤其是在离传统农村金融机构较远的地区设立，降低农户获取信息的成本，进而实现与传统机构的竞争，促进农村金融竞争。竞争使得传统金融机构绝对垄断地位消失，并且减少了其的垄断利润。如果在农村金融市场上，新型机构和传统机构竞争处于完全竞争的理想状态，则整个农村地区金融机构的超额利润降为 0。农业经营主体 a 作为传统农村金融机构服务对象，其贷款利率应该满足 $r_a = C_a$，即农业经营主体 a 从传统农村金融机构获得贷款利率将等于边际成本。

农业经营主体 a 从传统金融机构获得的贷款额度为：

$$K_a^{**} = \left(\frac{\alpha P_a A_a}{C_a + wm} \right)^{\frac{1}{1-\alpha}} \tag{2-30}$$

相应的农业经营主体 a 取得的收入表达式为：

$$S_a = mwK_a^{**} = mw \left(\frac{\alpha P_a A_a}{C_a + wm} \right)^{\frac{1}{1-\alpha}} \tag{2-31}$$

又因为

$$r_a^* = C_a + \frac{K_a^*}{\left(-\frac{\partial K_a^*}{\partial r_a^*} \right)} > C_a \tag{2-32}$$

则可以发现：$S_a > S$

B. 新型农村金融机构设立对农业经营主体 b 的影响

新型机构采取信息技术创新策略，进行农村金融产品的创新，选择差异化的服务产品创新，向农业经营主体 b 提供区别于传统机构的差异化的金融服务，新型机构选择差异化的服务产品创新的积极性则会越高，从中获得的创新利润也会随之越来越多。

对农业经营主体 b 的利润函数，即式子（2-16）求一阶导数：

$$\theta P_b A_b K_b^{\theta-1} \tilde{L}^{1-\theta} - r_b = 0 \tag{2-33}$$

通过式子（2-33）得到农业经营主体 b 的资金借贷需求函数表达式：

$$K_b = \left(\frac{\theta P_b A_b}{r_b}\right)^{\frac{1}{1-\theta}} \bar{L} \qquad (2-34)$$

对新型金融机构向农业经营主体 b 发放贷款的利润函数表达式，即式子（2-19）求一阶导数可得：

$$K_{db} + r_{db}\frac{\partial K_{db}}{\partial r_{db}} - C_b\frac{\partial K_{db}}{\partial r_{db}} = 0 \qquad (2-35)$$

在均衡状态下有：

$$r_b = r_{db} \qquad (2-36)$$

$$K_b = K_{db} \qquad (2-37)$$

可以求得在均衡状态下，农业经营主体 b 从新型机构获得贷款的贷款利率水平为 r_b^{**}，农业经营主体 b 从新型机构获得贷款供给量为：

$$K_b^{**} = \left(\frac{\theta P_b A_b}{r_b}\right)^{\frac{1}{1-\theta}} \bar{L} \qquad (2-38)$$

从而得出在均衡状态下，农业经营主体 b 的收入水平：

$$S_b = r_b^{**}\left(\frac{\theta P_b A_b}{r_b^{**}}\right)^{\frac{\theta}{1-\theta}} \bar{L} - C_b\left(\frac{\theta P_b A_b}{r_b^{**}}\right)^{\frac{1}{1-\theta}} \bar{L} \qquad (2-39)$$

即可以看出新型机构的设立，使得农业经营主体的总收入水平达到：

$$S^* = S_a + S_b \qquad (2-40)$$

通过对比分析新型机构进入农村金融市场前后，农业经营主体的总收入水平，可以发现：

$$S^* > S \qquad (2-41)$$

通过对比分析新型机构进入农村金融市场前后，农业经营主体的总收入水平的变化情况，可以看出新型机构的设立，降低了农村地区农业经营主体的信贷约束水平，促进了农业经营主体收入水平的提高。若新型机构采取信息技术创新策略，新型机构才会采取农村金融产品创新，选择差异化的服务产品创新。而且当这种创新所带来的收益与其的投入成本之间的差距越大时，即新型机构通过金融产品创新所带来的效用水平 $U(A') - U(A)$ 远远大于其的投入成本 $C(A' - A)$ 时，新型机构选择差异化的服务产品创新的积极性则会越高，从中获得的创新利润也会随之越来越多，则新型农村金融机构的互补效应越显著。若新型机构采取竞争策略，新型机构通过在农村地区设立地址区别于传统机构，新型机构可以通过更加靠近农村，更加贴近农户，通过降低农村借贷者的贷款利率水平，降低农户获取信息的成本，进而实现与传统机构的竞争，占领传统机构的一部分客户资源，则新型农村金融机构的替代效应越显著。

四　本章小结

本章为新型农村金融机构支农效果研究的理论基础。首先，分别对新型农村金融机构、村镇银行、小额贷款公司、农村资金互助社进行界定；其次，理清新型农村金融机构发展的重要意义、主要经济功能和特点；最后，基于博弈论和计划行为理论，分别从新型农村金融机构对农户信贷可得性影响、农户对新型农村金融机构服务满意度、新型农村金融机构对农户福利影响三个方面构建本文理论分析框架。

第三章
西部地区新型农村金融机构发展历程、现状及存在问题

新型农村金融机构作为我国农村金融增量改革的产物,其在支持"三农"发展方面起到重要的作用,尤其在我国西部地区,新型农村金融机构的发展填补了西部偏远地区的金融服务空白,提高了农户的信贷可得性。但与传统农村金融机构相比,新型农村金融机构在准入条件、市场定位、功能作用和机构经营特点等方面均存在差异。本章首先对新型农村金融机构发展路径、产生背景进行了简要分析;其次以陕西省和宁夏回族自治区为例,分析了村镇银行等新型农村金融机构的发展现状和运营特征;最后理清西部地区新型农村金融机构发展所存在的问题。

一 新型农村金融机构发展历程

(一)新型农村金融机构的定位选择

农村金融机构作为给"三农"提供资金服务的中介组织,在金融服务系统中起到重要的作用。在我国,农村金融体系在不断进行历史演进,从1951年5月第一家农村信用社试点开始,一直到21世纪初,农村金融体系经历了多次变革,最终形成了"三位一体"的农村金融制度框架。所谓的"三位一体"的农村金融

制度，主要包括：农村合作金融制度、农村商业金融制度和农村政策性金融制度。其中，农村合作金融制度主要是以农村信用社等为代表，农村商业金融制度则主要是以中国农业银行、农村商业银行等为代表，农村政策性金融制度主要是以中国农业发展银行为代表。这种"三位一体"的农村金融制度的形成，是我国农村金融不断创新和改革的结果。当然，在农村正规金融机构不断发展完善的同时，农村非正规金融也表现得十分活跃，譬如农村地区的私人钱庄、民间合会等非正规金融机构。[①]

2006年12月，银监会90号文件的发布，标志着农村金融增量改革的试点实施，村镇银行等多种类型的新型农村金融机构在各地应运而生。2007年3月中国银监会宣布邮政储蓄银行挂牌成立。我国通过农村金融的不断改革，使农村金融体系不断完善和规范化，村镇银行等新型机构的设立，以及邮政储蓄银行的成立，使得我国初步构成多元化的农村金融体系。即除了农村合作金融、农村商业金融和农村政策性金融"三位一体"的农村金融外，还包括邮政储蓄银行和其他正规金融。这里的其他正规金融包括：农村银行、农村商业银行以及村镇银行等新型农村金融机构。在现行情况下，我国农村金融体系构成如图3-1所示。[②]

通过农村金融的不断改革和创新，我国农村金融体系在不断完善，而村镇银行等新型机构的进入，使我国初步形成广覆盖、多元化、多层次的农村金融体系。根据我国"十三五"发展规划，未来农村金融市场发展将呈现一定的趋势。

（1）"三位一体"的农村金融机构体系将不断完善。我国因为不同的地区农业发展水平存在差距，针对差异化、层次化的农业发展，需要根据不同区域因地制宜地发展农村金融。在经济发

[①] 李树生、何广文，2008，《中国农村金融创新研究》，中国金融出版社.
[②] 熊桓，2010，《农村金融体系变迁与农村金融制度创新路径研究》，西南财经大学，博士学位论文.

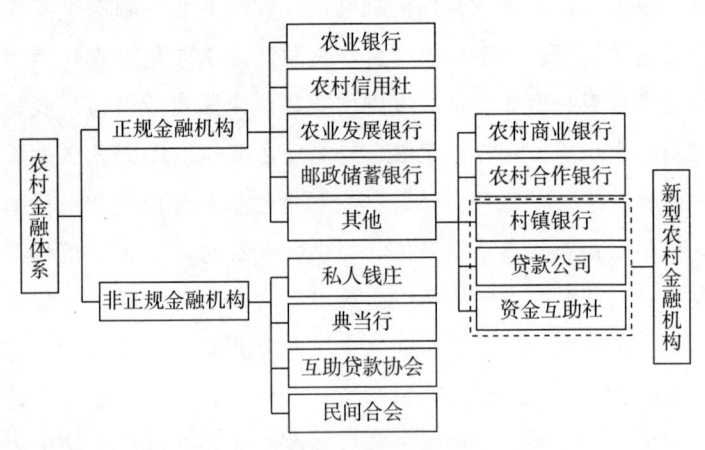

图 3-1 我国农村金融组织体系构成示意

展较为落后的地区，应该以发展政策性金融为主导，以合作性金融为辅助，其他商业性金融作为补充；在经济较为发达的地区，应当以发展商业性金融为主导，以政策性金融为辅助，合作性金融作为补充；因地制宜地构建农村金融体系，以更大程度地满足农业经营主体（尤其是农户）的多样化、多层次的农村金融需求，实现农村金融供给和需求的有效对接。

（2）立足基层发展小微金融，提供具有针对性的农村金融服务。通过农村金融的不断改革，我国农村地区金融供给得到初步改善，但是农村金融供给侧的改革还并未满足中小农户、农村小微企业的融资需求。所以，在进行农村"三位一体"金融体系完善的同时，应该鼓励发展各种类型的小微金融机构，扎根农村基层，为农村中小农户和小微企业提供具有针对性的小额金融服务，以满足基层农业经营主体的多样化资金需求。同时，小微金融机构可以作为民间资本进入农村金融体系的通道，有效地盘活农村地区的民间资本，在规范民间非正规金融的基础上，更大程度地支持当地农业产业和农村经济的发展，提高农民收入水平。

随着新一轮农村金融的增量改革，村镇银行等新型农村金融机构在各地陆续设立，新型机构应该顺应以上农村金融的发展趋势，利用其资本来源快捷、经营方式灵活的特点，扎根农村地区，服务农村、农业和农民，为农村地区农业经营主体提供差异化的农村金融服务，这里的差异化主要是区别于其他正规农村金融机构。

（二）新型农村金融机构产生背景

1978年改革开放后，金融业随着中国经济的迅速发展，无论在金融机构数量还是在金融机构的组织形式上，都实现了迅猛发展。但是随着金融业的不断创新和发展，由于城乡经济发展的差距不断拉大，中国金融的发展也出现了城乡间发展不均衡的问题，商业银行的趋利性，使得农村地区，尤其是经济发展落后的偏远地区，金融服务出现严重缺失，金融供给严重不足。

20世纪90年代，中国各大商业银行（工、建、中）不断进行股份制改革，由于商业银行趋利性，通过商业化的经营改革，中国各大商业银行不断地撤并农村地区的金融网点，这样就会导致农村地区金融服务不断缺失，农村金融市场出现严重的供不应求现象。尤其在西部偏远地区，由于其经济发展落后，金融机构更是完全退出农村市场。虽然，农村地区仍有农村信用社、中国农业银行为农业经营主体提供金融服务，但是其服务的主要对象是农村地区的规模种植养殖户、农村乡镇企业等较为富裕的农业经营主体，而中小农户和农村小微企业要从农村金融机构获得贷款却十分困难。

2001年，随着中国农业银行股份制改革的启动，虽然并未大规模撤离农村地区，但是其经营目的在不断趋向于商业化，对于农村地区的资金需求者，其实施了严格的审批制度，即需要农业经营主体（尤其是中小农户和农村小微企业）提供足额的抵押质押担保品，这无疑为农业经营主体贷款的获取增加了困难。随着中国农业银行的股份制改革，农村地区则呈现了农村信用社一家独大的垄断局面，由于垄断的存在，农业经营主体在资金借贷中处于被动状态，农村信用社的服务质量不断降低，农村金融服务效率也在不断下降，这无形中增加了农业经营主体融资的成本，农业经营主体难以从农村正规金融机构中获得所需资金。

2003年，随着农村信用合作社的改革，农村信用社的经营性质逐渐趋于商业化，农村信用社一系列的改革措施，使得农村信用社的组织属性也发生变化。随着农村信用社基层法人地位的撤销，其经营目的不再是服务"三农"，为农业经营主体提供信贷资金需求，而是转向更加商业化的规模经济，即农村信用社改革为农村商业银行。农村信用社这种趋向于做大规模的目的，使得农村资金不断地流向利润更大的城市地区，中国金融的城乡差距在不断地加大，农村地区的借贷需求者难以从农村金融机构获得资金支持。

尽管随着农村金融体制的不断改革，农村金融的不断创新和发展，农村金融取得了一定成效，但是随着城乡经济发展的差距不断拉大，中国金融的发展也出现了城乡间发展不均衡的问题，商业银行的趋利性，使得农村地区，尤其是经济发展落后的偏远地区，金融服务出现严重缺失，金融供给严重不足。农村金融依然是金融体系的短板，主要表现在以下几个方面。

（1）农村金融供给和需求错位

从上述分析中可以看出，随着农村金融机构的不断改革，农村地区金融的有效供给严重不足。无论是各大商业银行（中国银行、中国建设银行、中国工商银行、中国农业银行）的相继股份制改革，还是农村信用社的一系列改革措施的实施，都可以看出农村地区在逐渐被各种正规金融机构边缘化，农村地区金融供给逐渐单一化，农村金融服务效率和服务质量也在不断降低，农村金融供给远远满足不了农村地区经营主体的资金需求。农业经营主体（尤其是农户和农村小微企业）从农村金融机构中难以获得贷款，城乡"二元金融"特征突出，农村金融服务依然是中国金融服务的短板。农村金融的低利性和政策性，逐渐被农村金融机构的商业性、趋利性所取代。农村金融的供给和需求严重错位化，农村金融的供给和需求矛盾日益突出。

（2）农村金融机构支农效果不尽如人意

农业产业存在脆弱性、低利性、生产周期长的特点，正是因为这些特点导致农业贷款利率低、风险大，涉农商业性银行以及农村金融机构对农业经营主体的贷款存在较大的顾虑，由于农村金融机构的不断商业化，使得其不愿向中小农户和涉农小微企业提供贷款支持。

（3）民间融资活动非正规性，难以发挥有效作用

由于农业生产的周期性和多样性特点，致使农村地区农业经营主体的信贷需求也出现多元化、多层次和季节性的特征，由于涉农商业银行、农村商业银行等农村金融机构的趋利性本质，使得农业经营主体贷款成本不断升高，农村地区金融供给严重不足。为了满足农业生产经营所需的资金，农业经营主体（尤其是农户和农村小微企业）不得不将融资渠道转为非正规的民间融资，而在农村地区中低收入的农户数量众多，此部分农户对资金的需求并未从农村正规金融机构得到满足，这就导致民间融资十分活跃，但是由于民间融资的"非正规性"，使得其难以进一步发展，进而难以有效发挥作用。

（4）农村金融结构难以匹配农村区域特点

在中国，因为不同的地区农业发展水平存在差距，针对差异化、层次化的农业发展，需要根据不同区域因地制宜地发展农村金融。需要因地制宜地构建农村金融体系，以更大程度地满足农业经营主体（尤其是农户）的多样化、多层次的农村金融需求，实现农村金融供给和需求的有效对接。

综上所述，中国农村金融市场还存在诸多问题。农村金融供

给和需求错位，农村地区资金严重外流到城市地区，城乡金融出现二元化结构，农村金融机构支农效果不尽如人意，民间融资活动频繁，但是由于民间融资的不规范化，使得民间融资活动难以发挥有效支农作用，农村金融结构难以匹配农村区域特点。仅仅进行农村金融的存量改革，并不能解决以上出现的问题，农村金融的增量改革实在不行。农村金融的增量改革，可以有效解决农村金融供给和需求错位、限制农村地区资金严重外流到城市地区、弱化城乡金融出现二元化结构，提高农村金融机构支农效果，规范民间融资，使得民间融资活动阳光化，进而发挥有效支农作用，很好地匹配农村金融结构与农村区域特点。在此背景下，新一轮的农村金融增量改革，即发展村镇银行等新型机构的试点，可以更好地服务"三农"。

（三）新型农村金融机构的发展进程

随着经济的不断发展，农村金融实施了新一轮增量改革，即村镇银行等新型农村金融机构开始试点，新型机构的发展可以归纳为以下几个阶段。

(1) 首批试点阶段（2006年12月—2007年10月）

2006年12月，中国银监会发布了90号文件，放宽农村地区金融准入政策，鼓励资本进入农村金融市场，2007年相继发布了新型农村金融机构的管理暂行规定和组建审批指引，其中文件具体包括村镇银行、农村资金互助社等的管理暂行规定和组建审批指引。明确了各类新型机构的组建审批程序、经营行为和法律地位。同年，在六省（区）开展村镇银行等新型机构的试点工作，其中六省（区）包括：吉林、内蒙古、甘肃、四川、青海和湖北。

2007年3月，在四川省仪陇县金城镇，挂牌成立了仪陇惠民村镇银行。同年，在吉林四平梨树县闫家村，百信农村资金互助社组建成立，这是中国成立的第一家村镇银行和农村资金互助社，其设立的主要目的是服务"三农"。

2007年10月，吉林、内蒙古、甘肃、四川、青海和湖北六省（区）共有24家新型机构批准成立并投入运营。2007年共组建成立村镇银行12家，其中，四川成立2家村镇银行，分别是由南充市商业银行投资成立的仪陇惠民村镇银行和绵阳市商业银行投资成立的北川富民村镇银行；青海成立1家村镇银行，由国家开发银行投资成立的大通开元村镇银行；甘肃成立3家村镇银行，分别是由农村信用社联社投资成立的庆阳瑞信村镇银行、国家开发银行投资成立的泾川汇通村镇银行、兰州市商业银行投资成立的陇南武都金桥村镇银行；内蒙古成立1家村镇银行，由包头市商业银行投资成立的包头市包商惠农村镇银行；吉林省成立3家村镇银行，分别是由吉林市商业银行投资成立的磐石融丰村镇银行、辽源市城市信用社投资成立的东丰诚信村镇银行、延边农村合作银行投资成立的敦化江南村镇银行；湖北成立2家村镇银行，分别是由北京农村商业银行投资成立的仙桃北农商村镇银行和常熟农村商业银行投资成立的恩施咸丰常农商村镇银行。2007年共成立农村资金互助社8家，其中，四川成立苍溪县东镇益民农村资金互助社；青海成立乐都县雨润镇兴乐农村资金互助社和玉树清水河镇富民农村资金互助社；甘肃成立景泰县龙湾村石林农村资金互助社和定西市岷县洮珠村岷鑫农村资金互助社；内蒙古成立辽河镇融达农村资金互助社和白音锡勒农牧场诚信农村资金互助社；吉林成立榆树台镇闫家村百信农村资金互助社。2007年成立贷款公司4家，其中，四川成立2家贷款公司，分别是由南充市商业银行投资成立的仪陇惠民贷款公司和绵阳市商业银行投资成立的平武富民贷款公司；内蒙古成立1家贷款公司，由包头市商业银行投资成立的包头达茂旗包商惠农贷款公司；吉林省成立1家贷款公司，由吉林银行投资成立的德惠长银贷款有限责任公司。首批新型农村金融机构试点设立情况见表3–1。

表 3-1　新型农村金融机构试点设立情况（首批试点）

省份	机构名称	注册资本	成立时间	发起人
村镇银行				
四川	仪陇惠民村镇银行	200 万元	2007/3/1	南充市商业银行
	北川富民村镇银行	531 万元	2007/7/19	绵阳市商业银行
青海	大通开元村镇银行	2000 万元	2007/4/1	国家开发银行
甘肃	庆阳瑞信村镇银行	1080 万元	2007/3/15	农村信用社联社
	泾川汇通村镇银行	800 万元	2007/3/16	国家开发银行
	陇南武都金桥村镇银行	800 万元	2007/7/20	兰州市商业银行
内蒙古	包头市包商惠农村镇银行	300 万元	2007/4/18	包头市商业银行
吉林	磐石融丰村镇银行	2000 万元	2007/3/1	吉林市商业银行
	东丰诚信村镇银行	2000 万元	2007/3/1	辽源市城市信用社
	敦化江南村镇银行	1000 万元	2007/3/28	延边农村合作银行
湖北	仙桃北农商村镇银行	1000 万元	2007/4/29	北京农村商业银行
	恩施咸丰常农商村镇银行	1000 万元	2007/8/18	常熟农村商业银行
农村资金互助社				
四川	苍溪县东镇益民农村资金互助社	31 万元	2007/7/8	1767 名社员
青海	乐都县雨润镇兴乐农村资金互助社	36 万元	2007/3/28	深沟村周边 10 名农民和农村小企业主
	玉树清水河镇富民农村资金互助社	30 万元	2007/8/16	称多县联社和清水河镇 12 名自然人
甘肃	景泰县龙湾村石林农村资金互助社	11.5 万元	2007/3/20	27 名农民
	定西市岷县洮珠村岷鑫农村资金互助社	30 万元	2007/3/23	洮珠村 18 名农民和 1 家农村小企业
内蒙古	辽河镇融达农村资金互助社	30 万元	2007/5/12	当地 15 名自然人
	白音锡勒农牧场诚信农村资金互助社	360 万元	2007/5/31	农牧场 93 户自然人和 1 户小企业
吉林	榆树台镇闫家村百信农村资金互助社	10.18 万元	2007/3/9	闫家村 32 名农民

续表

省份	机构名称	注册资本	成立时间	发起人
贷款公司					
四川	仪陇惠民贷款公司	50万元	2007/3/1	南充市商业银行
	平武富民贷款公司	100万元	2007/7/3	绵阳市商业银行
内蒙古	包头达茂旗包商惠农贷款公司	200万元	2007/3/16	包头市商业银行
吉林	德惠长银贷款有限责任公司	100万元	2007/5/28	吉林银行

（2）试点范围扩大阶段（2007年10月—2009年7月）

2006年在六省（区）开展村镇银行等新型机构的首批试点工作，其中六省（区）包括：吉林、内蒙古、甘肃、四川、青海和湖北。从新型机构的首批试点中可以看出，首批试点工作改进了农村金融服务，完善了农村金融体系。基于此，中国将新型机构的试点工作扩大到31个省（自治区、直辖市）。2008年4月中国银监会发布的2008年137号文件，对村镇银行、小额贷款公司等机构的存贷款利率管理、征信和现金管理等方面做出了相关规定。关于小额贷款相关方面的指导意见的发布，使得小额贷款公司在各地迅速发展起来，2009年6月更是发布了小额贷款公司改制工作，允许符合条件的转为村镇银行。自此，小额贷款公司更是进一步得到各地政府的支持，支持农户和小微企业的效果也不断显现。

（3）新型农村金融机构全面发展阶段（2009年7月—目前）

从村镇银行等新型农村金融机构的初步试点，到其的扩大试点，新型机构在县域地区得到迅速发展，但是从2006年12月到现在，虽然在一定程度上缓解了农村地区农村金融供给不足的现状，但是，由于新型机构的成立和发展的时间较短，规模相对较小，再加上农村金融环境复杂性，以及农村金融供给的严重不足，农村金融仍然需要进一步改革创新。从2009年开始，中国银监会对新型农村金融机构进行工作安排，如2009年的工作安排计划，2012年银监会发布的2012年27号文件，2014年发布的

46号村镇银行指导意见，都鼓励和加大各个地区村镇银行等新型农村金融机构的支持力度。

新一轮农村金融的增量改革，使得农村地区金融市场的供给提高，丰富了县域农村金融体系，提高了农村地区金融机构网点覆盖率，初步形成了适度竞争的多元化、广覆盖、多层次的农村金融体系。另外，初步探索出金融服务的"城带乡"和农村金融供给的"东补西"模式，很大程度上提升了农村地区金融服务水平。截至2015年初，全国共发起设立村镇银行1233家，其中处于西部地区的村镇银行有322家，处于中部地区的村镇银行有339家，处于东部地区的村镇银行有492家；设立农村资金互助社49家和贷款公司14家，综合起来共设立发起新型农村金融机构1296家。新型机构共累计各项贷款余额4896亿元，其中农户贷款余额和小微企业贷款余额分别为2137亿元和2412亿元，农户贷款余额和小微企业贷款余额占各项贷款余额的92.91%。

二 西部地区新型农村金融机构的发展现状

（一）西部地区村镇银行发展现状分析

2006年12月，中国银监会发布了《关于调整放宽农村地区银行业金融机构准入政策，更好地支持社会主义新农村建设的意见》后，按有关规定设立村镇银行、贷款公司和资金互联社。文件具体包括村镇银行、农村资金互助社等的管理暂行规定和组建审批指引。2007年3月，在四川省仪陇县金城镇，挂牌成立了仪陇惠民村镇银行。同年，在吉林四平梨树县闫家村，百信农村资金互助社组建成立，这是中国成立的第一家村镇银行，其设立的主要目的是服务"三农"。2007年共组建成立村镇银行12家。

2007年中国将新型机构的试点工作扩大到31个省（自治区、

直辖市)。2008年4月中国银监会发布的2008年137号文件,对村镇银行、小额贷款公司等机构的存贷款利率管理、征信和现金管理等方面做出了相关规定。从2009年开始,中国银监会对新型农村金融机构进行工作安排,如2009年的工作安排计划,2012年银监会发布的2012年27号文件,2014年发布的46号村镇银行指导意见,都鼓励加大各个地区村镇银行等新型农村金融机构的支持力度。

新型农村金融机构的设立,有效地改善了农村地区金融供给不足,金融机构网点覆盖率低的不足,多元化、广覆盖、多层次的农村金融体系初见成效。另外,初步探索出金融服务的"城带乡"和农村金融供给的"东补西"模式,很大程度上提升了农村地区金融服务水平。

根据银监会最新统计数据,2007年我国设立村镇银行19家;2008年新设立村镇银行72家,截至2008年设立村镇银行91家;2009年新设立村镇银行57家,2009年底共设立村镇银行148家;2010年新设立村镇银行201家,2010年底共设立村镇银行349家;2011年新设立村镇银行377家,2011年底共设立村镇银行726家;2012年新设立村镇银行150家,2012年底共设立村镇银行876家;2013年新设立村镇银行195家,2013年底共设立村镇银行1071家;2014年新设立村镇银行162家,2014年底共设立村镇银行1233家;2015年新设立村镇银行78家,2015年底共设立村镇银行1311家;截至2016年5月底共设立村镇银行1356家。从2007年到2016年5月底村镇银行发展趋势详见图3-2。

从图3-2中可以看出,村镇银行增长速度最快的年份在2011年,2011年全年新增村镇银行377家,而从2010年到2014年,村镇银行的年新增数目均在100家以上。但是,到了2015年,村镇银行全年新增数目仅为78家,2016年上半年,新增村镇银行数目仅仅为45家。村镇银行的发展呈现倒U形的增长趋势,也就是说,经过 2013 年村镇银行的迅速发展时期,村镇银行的发展慢慢趋于缓慢发展的阶段,每年新增村镇银行的数目慢慢趋于平稳。

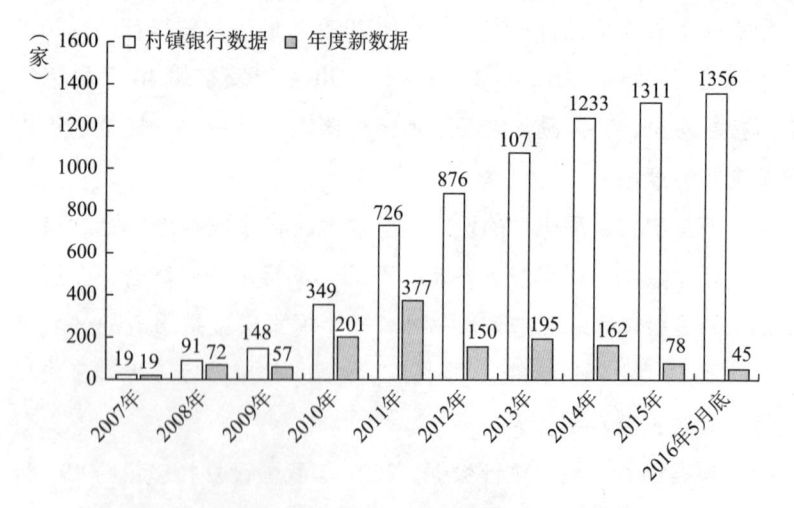

图 3-2 2007~2016 年 5 月底我国村镇银行发展趋势

图 3-3 显示了截至 2016 年 5 月底我国村镇银行区域分布格局,从图中可以看出我国村镇银行主要集中在东部和中部地区,其中全国范围内村镇银行数目排名前五的分别是山东省、河南省、江苏省、浙江省、河北省,分别拥有 122 家、75 家、74 家、73 家和 69 家村镇银行;而在西部地区内蒙古自治区设立村镇银行数目最多,截至 2016 年 5 月底其设立了 69 家村镇银行,云南省设立了 53 家村镇银行,四川省设立了 50 家村镇银行,贵州省设立了 49 家村镇银行,广西壮族自治区设立了 36 家村镇银行,重庆市设立了 35 家村镇银行,陕西省设立了 24 家村镇银行,新疆维吾尔自治区设立了 22 家村镇银行,甘肃省设立了 18 家村镇银行,宁夏回族自治区设立了 13 家,青海省设立了 3 家,西藏自治区仅设立了 1 家村镇银行。从村镇银行的设立情况来看,截至 2016 年 5 月底西南地区比西北地区村镇银行设立的数量多,而陕西省和宁夏回族自治区设立的村镇银行总数仅为 37 家。

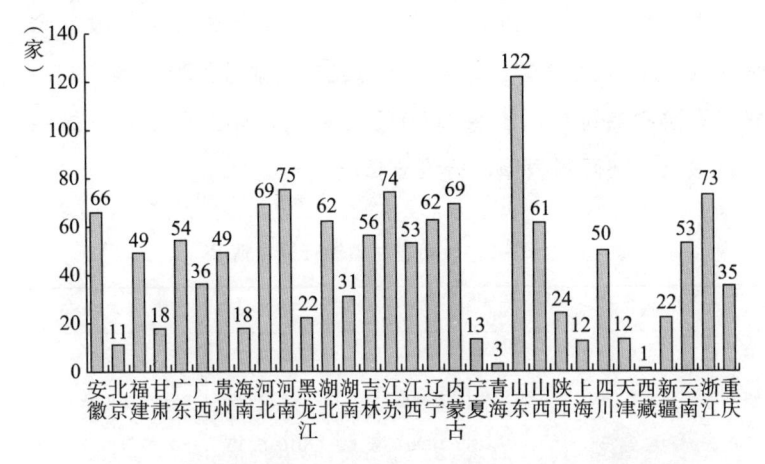

第三章　西部地区新型农村金融机构发展历程、现状及存在问题

图3-3　我国村镇银行设立数目及区域分布（截至2016年5月底）

资料来源：中国银监会网，http://www.cbrc.gov.cn/index.html。

农村金融的增量改革，使得陕西省村镇银行得到了迅猛发展。2008年11月，由宝鸡市商业银行发起成立了宝鸡岐山硕丰村镇银行，作为陕西省首家村镇银行，其成立的注册资本为500万元。随着陕西省首家村镇银行的成立，陕西其他地区也纷纷发起成立了村镇银行。2010年3月，由中国农业银行投入资金2000万元，发起设立了安塞农银村镇银行；2010年6月，由西安银行投入资金1000万元，发起设立了高陵阳光村镇银行；2010年7月，由中国建设银行投入资金3000万元，发起设立了安塞建信村镇银行；2010年7月，由西安银行投入资金3000万元，发起设立了洛南阳光村镇银行；2010年10月，由东亚银行投入资金2000万元，发起设立了富平东亚村镇银行；2010年12月，由浦发银行投入资金5000万元，发起设立了韩城浦发村镇银行；2012年6月，由中国民生银行投入资金5000万元，发起设立了榆林榆阳民生村镇银行；2012年7月，由中国民生银行投入资金1500万元，发起设立了志丹民生村镇银行；2014年4月，由吉林九台农商行投入资金3000万元，发起设立了合阳惠民村镇银行；2016年1月，由福建石狮农商行投入资金6000万元，发起设立了陕西临潼海丝村镇银行；2016年1月，由福建石狮农商行投入资金6000万元，发起设立了陕西户县海丝村镇银行；2016年2月，由福建石狮农商行投入资金6000万元，发起设立了陕西三原海丝村镇银行。陕西省村镇银行设立情况见表3-2。

表3-2 陕西省村镇银行设立情况

银行名称	注册资金	开业时间	发起银行
岐山硕丰村镇银行	500万元	2008/11/21	宝鸡市商业银行
安塞农银村镇银行	2000万元	2010/3/29	中国农业银行
高陵阳光村镇银行	1000万元	2010/6/30	西安银行
安塞建信村镇银行	3000万元	2010/7/1	中国建设银行
洛南阳光村镇银行	3000万元	2010/7/16	西安银行
富平东亚村镇银行	2000万元	2010/10/14	东亚银行
韩城浦发村镇银行	5000万元	2010/12/16	浦发银行
榆林榆阳民生村镇银行	5000万元	2012/6/26	中国民生银行
志丹民生村镇银行	1500万元	2012/7/5	中国民生银行
合阳惠民村镇银行	3000万元	2014/4/10	吉林九台农商行
陕西临潼海丝村镇银行	6000万元	2016/1/1	福建石狮农商行
陕西户县海丝村镇银行	6000万元	2016/1/5	福建石狮农商行
陕西三原海丝村镇银行	6000万元	2016/2/1	福建石狮农商行

资料来源：根据实地调查问卷整理得到，部分数据来自于中国银监会网（http://www.cbrc.gov.cn/index.html）以及中国村镇银行网（http://www.chinavbf.com/）。

从表3-2中可以看出，陕西省村镇银行的成立时间都不长，运营时间也相对较短，最早的在2008年底开始正式运行，其余大部分都在2010年才正式成立。而且从全国总体来看，陕西省村镇银行的数量处于中下水平（详细情况见图3-3），资金实力较弱，资产规模相对较小，通过表3-2还可以看出，目前陕西省已成立的村镇银行的注册资本普遍偏低，在全国范围内也处于较低水平。这13家村镇银行中，洛南阳光村镇银行的注册资本额度最低，仅有 3000 万元人民币，且注册资本均未冲破亿元。注册资本低将限制了其经营发展。这 13 家村镇银行业务种类有待创新，目前主要以存贷款业务作为其主要业务。

农村金融的增量改革，使得宁夏回族自治区村镇银行得到了迅猛发展。2008 年 12 月，由泾源县农村信用社联社发起成立了平罗沙湖村镇银行，随着宁夏回族自治区首家村镇银行的成立，宁夏回族自治区其他地区也纷纷发起成立了村镇银行。截至 2016 年，宁夏已设立了 11 家村镇银行。其中，2009 年 6 月，由石嘴山银行投入资金 3000 万元，发起设立了吴忠市滨河村镇银行；2010 年 1 月，由包商银行投入资金 2000 万元，发起设立了贺兰回商村镇银行；2011 年 6 月，由青海银行投入资金 5000 万元，发起设立了中宁青银村镇银行；2011 年 7 月，由宁夏银行投入资金 2000 万元，发起设立了隆德六盘山村镇银行；2011 年 8 月，由石嘴山银行发起设立了石嘴山市大武口石银村镇银行；2011 年 9 月，由大武口区农信社投入资金 3000 万元，发起设立了中卫香山村镇银行；2012 年 3 月，由龙江银行投入资金 3000 万元，发起设立了宁东本富村镇银行；2012 年 5 月，由石嘴山银行发起设立了银川掌政石银村镇银行；2015 年 12 月，由阿拉善农商行投入资金 5000 万元，发起设立了青铜峡贺兰山村镇银行；2015 年 12 月，由阿拉善农商行投入资金 5000 万元，发起设立了惠农贺兰山村镇银行。

从表 3-3 中可以看出，宁夏回族自治区村镇银行的成立时间也都不长，运营时间也相对较短，最早的于 2008 年底开始正式运行，其余大部分都于 2011 年才正式成立，村镇银行由于成立较晚还未形成自己的发展特色。而且从全国总体来看，宁夏回族自治区村镇银行的数量处于中下水平（见图 3-3），资产规模相对较小，限制了其支农功能的发挥。通过表 3-3 还可以看出，设立机构方面，有区内城市商业银行（如石嘴山银行设立吴忠市滨河村镇银行），有区外城市商业银行（如包商银行设立的贺兰回商村镇银行）；设立地域方面，村镇银行覆盖宁夏所有地级市；从注册资金上看，宁夏回族自治区村镇银行注册资金虽然普遍高于陕西省，但是目前宁夏回族自治区已成立的村镇银行的注册资本也普遍偏低，在全国范围内也处于较低水平，说明宁夏回族自治区村镇银行资金实力弱，经营规模较小。这11家村镇银行中，贺兰回商村镇银行的注册资本额度最低，为2000万元人民币，其余村镇银行的注册资本均未冲破亿元。注册资本低将限制了其经营发展。这11家村镇银行业务种类有待创新，目前主要以存贷款业务作为其主要业务。

表3-3　宁夏回族自治区村镇银行设立情况

银行名称	注册资金	开业时间	发起银行
平罗沙湖村镇银行	-	2008/12/26	泾源县农村信用社联社
吴忠市滨河村镇银行	3000万元	2009/6/26	石嘴山银行
贺兰回商村镇银行	2000万元	2010/1/30	包商银行
中宁青银村镇银行	5000万元	2011/6/10	青海银行
隆德六盘山村镇银行	2000万元	2011/7/12	宁夏银行
石嘴山市大武口石银村镇银行	-	2011/8/17	石嘴山银行
中卫香山村镇银行	3000万元	2011/9/29	大武口区农信社
宁东本富村镇银行	3000万元	2012/3/19	龙江银行
银川掌政石银村镇银行	-	2012/5/16	石嘴山银行
青铜峡贺兰山村镇银行	5000万元	2015/12/17	阿拉善农商行
惠农贺兰山村镇银行	5000万元	2015/12/18	阿拉善农商行

资料来源：根据中国村镇银行网（http://www.chinavbf.com/）的数据整理得到，部分数据根据实地调查问卷整理得到，未取得数据以"-"标注。

（二）西部地区小额贷款公司发展现状分析

在小额贷款公司出现之前，小额信贷已在中国发展起来，

第三章 西部地区新型农村金融机构发展历程、现状及存在问题

1981年，中国最早小额信贷起源于内蒙古地区，多个农业开发项目在内蒙古得以实施，其中小额信贷的主要资助来源于为国际农业发展基金，其目的是开展北方畜牧和草原发展，以提高内蒙古地区农户的收入水平。1993年，非政府组织（NGO）的小额信贷模式在中国出现，河北易县扶贫合作社在福特基金会和孟加拉乡村银行的资助下建立起来。1996年各种类型的政策性小额信贷在中国各地开始实施，以联保贷款为主要形式的小额信贷，在各地政府的支持下蓬勃发展。2005年，中国人民银行启动了小额贷款公司试点工作，不同模式的专业性小额贷款公司在山西、陕西、贵州、四川、内蒙古五省（区）组建成立。

2006年12月，中国银监会发布了90号文件，放宽农村地区金融准入政策，鼓励资本进入农村金融市场，2007年相继发布了新型农村金融机构的管理暂行规定和组建审批指引，其中文件具体包括村镇银行、农村资金互助社等的管理暂行规定和组建审批指引。明确了各类新型机构的组建审批程序、经营行为和法律地位。2008年4月中国银监会发布的137号文件，对村镇银行、小额贷款公司等机构的存贷款利率管理、征信和现金管理等方面做出了相关规定。关于小额贷款相关方面的指导意见发布，使得小额贷款公司在各地迅速发展起来，2009年6月更是发布了小额贷款公司改制工作，允许符合条件的转为村镇银行。自此，小额贷款公司更是进一步得到各地政府的支持，支持农户和小微企业的效果也在不断显现。

小额贷款公司的产生和发展，盘活了农村地区闲散资金，提高了农村地区农村金融产品和服务的供给水平，很大程度上满足了农业经营主体信贷需求。小额贷款公司的产生和发展具有重要的现实意义。第一，小额贷款公司在规范农村金融市场的条件下，盘活了农村地区闲散资金；第二，小额贷款公司的服务目标是农业、农村、农民以及农村中小企业，其扎根农村地区，服务

基层农户，可以更好地促进我国农业的发展；第三，小额贷款公司的设立，为打通民间资本市场与正规借贷市场，起到重要的作用，可在一定程度上引导民间借贷规范化。

所谓小额贷款公司则是指依据相关的法律法规，经过中国银行业监督管理委员会批准，设立在农村地区的有限责任公司。小额贷款公司设立的主要目的是服务于当地农民、农业和农村经济发展，专门为当地"三农"（农业、农民和农村）提供贷款服务。作为新型农村金融机构的一种组织形式，小额贷款公司开展的经营业务，服务于当地农民、农业和农村经济发展，并且应当坚持分散、小额的原则，避免发放的贷款过度集中，以达到提升农村地区贷款覆盖面的目的。2006年9月，陕西省大洋汇鑫小额贷款公司和信昌小额贷款公司相继成立，大洋汇鑫小额贷款公司的注册资金为2200万元，信昌小额贷款公司的注册资金为2100万元。2008年陕西金融发第1号[①]文件小额贷款公司试点办法正式发布，自此，陕西省小额贷款公司迅速发展，截至2014年，陕西省小额贷款公司已达到208家，实收资本160.28亿元，贷款余额达161.82亿元。

（三）西部地区资金互助社发展现状分析

2006年12月，中国银监会发布了90号文件，放宽农村地区金融准入政策，鼓励资本进入农村金融市场，2007年相继发布了农村资金互助社的管理暂行规定和组建审批指引，明确了各类新型机构的组建审批程序、经营行为和法律地位。同年，在六省（区）开展农村资金互助社的试点工作，其中六省（区）包括：吉林、内蒙古、甘肃、四川、青海和湖北。2007年3月，在吉林四平梨树县闫家村，百信农村资金互助社组建成立，这是中国成

---

① 陕西省人民政府：http://www.shaanxi.gov.cn/0/105/6315.htm。

立的第一家农村资金互助社,其设立的主要目的是服务"三农"。

首批试点共成立贷款公司4家,其中,四川成立2家贷款公司,分别是由南充市商业银行投资成立的仪陇惠民贷款公司和绵阳市商业银行投资成立的平武富民贷款公司;内蒙古成立1家贷款公司,由包头市商业银行投资成立的包头达茂旗包商惠农贷款公司;吉林省成立1家贷款公司,由吉林银行投资成立的德惠长银贷款有限责任公司。

截至2014年3月末,全国共组建农村资金互助社49家,成立扶贫互助社20700家,开办信用合作的农民专业合作社2159家,开展资金互助的供销社341家。其中,农村资金互助社共服务社员3.6万人,分布在全国17个省(自治区、直辖市),存款余额和贷款余额分别为16.4亿元和13.1亿元;扶贫互助社共服务社员191.4万人,主要分布在全国28个省(自治区、直辖市),筹资余额和放款余额分别为49.6亿元和18.1亿元;信用合作的农民专业合作社共服务社员19.9万人,主要分布在全国23个省(自治区、直辖市),累计筹资和放款分别为36.9亿元和42.4亿元;开展资金互助的供销社共服务社员15.1万人,主要分布在全国15个省(自治区、直辖市)。

对陕西省而言,由于其地理位置处于西部地区,经济发展水平虽然处于西北地区前位,但是,在陕西省贫困人口相对于东部地区相对较多,则开展农村资金互助社十分必要,尤其是扶贫互助资金的设立,对减少陕西省贫困人口具有重要的作用。互助资金协会是陕西省发展农村资金互助社的主要方式,其中,贫困村村级发展互助资金,是陕西省在扶贫方面的创新,陕西省先后在商南、蓝田、安塞、淳化、蒲城等县(区)进行扶贫试点。经过试点工作的不断推进,贫困村村级发展互助资金得到广大农户的认可,试点工作的成效也得以显现。

宁夏回族自治区和陕西省一样,地处中国西北地区,2006

年，宁夏回族自治区在盐池县、原州区和彭阳县进行资金互助社试点，2007年，同心县等县区也进行了资金互助社试点。宁夏回族自治区作为扶贫资金互助社首批试点省份，扶贫资金互助社发展十分迅速，扶贫资金主要的资助对象是互助社社员，主要的用途是为贫困户提供农业生产经营所需资金，是金融扶贫的重要手段。截至2013年，宁夏回族自治区已在1101个贫困村（占全区所有贫困村的71%）设立了贫困村资金互助社，已有12.6万户56.7万人从贫困村资金互助社受益，互助资金累计借款28.9万户（次）。贫困村资金互助社扶贫的覆盖面涉及145个乡镇和农场，扶贫项目主要分布在宁夏回族自治区22个县（市、区），累计发放借款8.7亿元[①]。

三 西部地区新型农村金融机构发展存在的问题

本章前两节主要对新型农村金融机构的定位选择、产生背景、发展进程及现状进行了简要分析。根据在陕西省和宁夏回族自治区的新型农村金融机构的调查，并结合全国新型农村金融机构的发展情况，分析出西部地区新型农村金融机构发展普遍存在以下障碍和问题。

（一）机构兴起较晚，农户认知度低，筹资难度大

2006年12月，中国银监会发布了90号文件，放宽农村地区金融准入政策，鼓励资本进入农村金融市场，2007年相继发布了新型农村金融机构的管理暂行规定和组建审批指引，其中文件具体包括村镇银行、农村资金互助社等的管理暂行规定和组建审批

[①] 邹欣媛：《宁夏：56万多群众从互助资金中受益》，中国证券网，http://www.cnstock.com/index/gdbb/201511/2363764.htm。

指引。明确了各类新型机构的组建审批程序、经营行为和法律地位。同年,在六省(区)开展村镇银行等新型机构的试点工作,其中六省(区)包括:吉林、内蒙古、甘肃、四川、青海和湖北。2007年10月,吉林、内蒙古、甘肃、四川、青海和湖北六省(区)共有24家新型机构批准成立并经营。

以村镇银行为例,新型农村金融机构在2011年才开始有较快的发展(全国成立村镇银行726家,其中新增加377家),但是从2014年开始,村镇银行的发展开始减速,2014年新设立162家村镇银行,2015年新设立78家,到2016年5月底新设立仅为45家(见图3-2)。以陕西省和宁夏回族自治区村镇银行的成立和发展为例,陕西省村镇银行的设立基本都在2010年以后,且有部分村镇银行是2016年才设立,宁夏回族自治区村镇银行设立基本在2011年以后。综合来看,新型农村金融机构的兴起较晚,尚未形成成熟的、差异化经营的商业模式,在客户选择上以散户为主,所以其支农效果相对于传统农村金融机构较弱。

新型农村金融机构作为新兴起的农村金融机构,担负着扎根农村、服务"三农"的角色,因此,民众的看法及其在社会上的口碑,必然影响其业务经营和发展。而现阶段,相对于传统农村金融机构而言,新型农村金融机构的成立时间短、营业网点少、经营规模较小,从而导致农户对其的认知程度较低。从陕西省和宁夏回族自治区10个设立了新型农村金融机构的县(区)的1726户农户来看,样本区域农户对新型农村金融机构的认知还处于较低的阶段。具体而言,在1726户农户中,有663户农户表示没有听过新型农村金融机构,占样本农户的38.41%;有587户农户表示对新型农村金融机构贷款政策听说过一点,占样本农户的34.01%;仅有331户农户表示对新型农村金融机构贷款政策和程序基本了解和非常了解,仅占样本农户的19.18%。从表3-4中可以看出,对新型农村金融机构贷款政策不太了解的农户

(表示没有听说过和听说过一点的农户)占样本农户的72.42%,而对新型农村金融机构贷款政策和程序比较了解的农户(表示基本了解和非常了解的农户)的确不到样本农户的20%。并且这仅仅是对设立了新型农村金融机构的样本区域农户的统计分析,若再加上还有许多样本区域并未设立新型农村金融机构,对新型农村金融机构贷款政策了解的农户远远不足20%。农户对新型农村金融机构的认知度低,则会导致其吸收社会公众存款难度大,进而限制了其支持效果的进一步提升。

表3-4 农户对新型农村金融机构的了解度统计

单位:个,%

农户	没听说过	听说过一点	一般	基本了解	非常了解	合计
户数	663	587	145	200	131	1726
占比	38.41	34.01	8.4	11.59	7.59	100

通过前文分析发现,在成立时间方面,陕西省和宁夏回族自治区村镇银行等新型农村金融机构的成立时间均不长,由于成立较晚还未形成自己的发展特色;村镇银行等新型农村金融机构资产规模相对较小,从注册资金上看,无论是陕西省还是宁夏回族自治区,已成立的村镇银行等新型农村金融机构的注册资本也普遍偏低,注册资本低限制了其经营发展;在经营业务方面,陕西省和宁夏回族自治区村镇银行等新型农村金融机构业务种类有待创新,目前主要以存贷款业务作为其主要业务;而与全国的新型农村金融机构对比来看,西部地区村镇银行等新型农村金融机构营业网点也较少;基于以上的原因,村镇银行等新型农村金融机构吸收社会公众存款难度大。

新型农村金融机构作为新兴起的农村金融机构,担负着扎根农村、服务"三农"的责任。新型农村金融机构的设立目的致使其主要设立在县域,主要的服务群体为农户及农村小微企业,农村地区此类客户群体的收入水平普遍较为低，导致新型农村金融机构，尤其是村镇银行吸收存款的潜力变小。农业生产具有周期性长、季节性强、风险性大的特点，在农业种植季节（畜牧业养殖季节），农户的农业生产经营投入增加，相应的对资金的需要也会加大，农户在同一时间从新型农村金融机构提取贷款，会对村镇银行等新型农村金融机构的资金流动性造成压力。

（二）经营方式粗放，缺乏核心竞争力

从陕西省和宁夏回族自治区已开业的村镇银行等新型农村金融机构看，新型农村金融机构的成立时间均不长，由于成立较晚普遍存在经营特色不明显、经营趋同化、缺乏核心竞争力的问题。陕西省和宁夏回族自治区村镇银行等新型农村金融机构尚未形成成熟的、差异化经营的商业模式；新型农村金融机构设立主要是扎根农村、服务"三农"，但是其对"三农"的金融需求缺乏深入研究；新型农村金融机构的设立目致使其主要设立在县域，主要的服务群体为农户及农村小微企业，且这些农户主要以散户为主，并没有进一步向商圈伙伴和交易链条等延伸；在村镇银行等新型农村金融机构的业务经营上，经营的业务还比较单一化，农村金融产品的创新不足，并没有对客户进行深入的分析，以便更好地挖掘潜在客户，以及更好地更高效地服务客户；在农户贷款的管理和审核上，过多地看重农户及农村中小企业的抵押质押品，对客户贷款后的管理和服务缺少持续性跟踪。

（三）专业人才引进成本高

从前期对陕西省和宁夏回族自治区村镇银行等新型农村金融机构的调研发现，新型农村金融机构普遍存在精英人才引进难度大，对于有行业经验的高端人才的引进更难，这样就导致村镇银行等新型农村金融机构在经营过程中的管理较为粗放。通过分析

发现村镇银行等新型农村金融机构难以引进专业高端人才的主要原因包括以下几个。

第一，新型农村金融机构的设立目的致使其主要设立在县域，主要的服务群体为农户及农村小微企业，有银行业经验的专业人才更倾向于大型商业银行，因为大型商业银行的发展规模较大，且处于城市区域，对于专业精英人才来说，有更好的发展空间和发展平台，并且大型商业银行可以为高端精英人才提供可观的薪酬。而村镇银行等新型农村金融机构对人才的投入也不及商业银行，并且办公地点和工作环境，更比不上处于城市的大型商业银行。

第二，村镇银行等新型农村金融机构对于人才的培养成本较高，既然村镇银行等新型农村金融机构难以直接从社会中应聘到专业人才，那么，其可以通过培养应届毕业生来获得专业人才。但是，村镇银行等新型农村金融机构要将没有业务能力的应届毕业生，培养成为行业的专业人才，需要的时间周期较长。譬如，培养一个优秀的客户经理，能够独立地分析和判断业务风险，少则需要几年，多则需要更长的时间。所以，现阶段，大部分新型农村金融机构多是从大型股份制商业银行，或者大型知名企业中高薪聘请高端专业人才。

第三，新型农村金融机构可以选择的供选择的人才范围有限。新型农村金融机构与传统农村金融机构以及大型股份制商业银行相比，其经营具有灵活性的特点，而且新型农村金融机构主要经营范围是农村地区，农村经济和社会环境较为复杂，需要应对的客户群体的教育水平相对较低，文化素质也相对较低，所以需要信贷人员有更高的沟通协调能力，以及更好的应对复杂环境的能力。再加上，新型农村金融机构中小额贷款公司的经营业务是只贷不存，信贷人员不需要从事简单的柜台工作，但是对信贷人员的信贷业务水平要求较高，需要信贷人员有较丰富的专业知识和较高的职业素养,更需要信贷人员具有信贷业务办理的经验。而且,小额贷款公司的信贷人员必须有创新精神和开拓进取的品质。

(四) 创新动力不足,内生支农能力弱

新型农村金融机构作为小法人机构,经营资产少、员工人数少,由于缺乏规模经济效应,运营成本较高,新型农村金融机构开业需要支付较高的单位成本费用开支,如网点押运费、代理金库手续费等,优化支付结算渠道也需要银行大量的资源投入和人才储备。大银行往往一笔贷款就可以放出去几百万元,但是,新型农村金融机构面对"三农"客户,每笔贷款的数额少,如果一次性放出去几百万元的贷款,可能会涉及几千户的村民,并且还要针对每一户的村民的经济情况进行详细的调查了解,因此,贷款发放管理的成本高。在营业收入来源方面,由于新型农村金融机构产品和服务渠道单一,主要以存贷利差为主要收入来源,证券投资业务少,中间业务产品更少,营业收入的局限性强,盈利稳定性差。另外,新型农村金融机构的支农内生能力弱。因为新型农村金融机构一般地处县域不发达地区,主要面对"三农"客户和小微企业服务群体,客户收入水平的低下在客观上限制了其存款稳定增长的潜力。并且由于农业的季节性特点比较明显,尤其北方地区是典型的"春种秋收"模式,到了春天种植的时候,存储户和贷款用户都会同时来到机构提取存款资金,导致机构资金来源减少、资金需求增加,从而加大新型农村金融机构流动性的压力。

四 本章小结

首先,本章对新型农村金融机构发展路径、产生背景进行了

简要分析。其次，以此为例，分析了陕西省和宁夏回族自治区新型农村金融机构的发展现状和运营特征。最后，理清西部地区新型农村金融机构发展所存在的问题。村镇银行等新型农村金融机构存在兴起较晚、农户认知度低、筹资难度大，经营方式粗放、缺乏核心竞争力，专业人才引进成本高，创新动力不足、内生支农能力弱等问题。

第四章
新型农村金融机构发展对农户信贷可得性影响实证分析

第三章内容对西部地区新型农村金融机构发展状况进行了分析，新型农村金融机构整体发展状况良好，而新型农村金融机构的设立是否可以有效降低农户的信贷配给，提高其信贷可得性，将是本章实证检验的重点内容。本章利用2015~2016年采集的陕西和宁夏地区的农户微观数据，采用分层模型，从乡（镇）和农户两个层面分析新型农村金融机构覆盖与农户的信贷配给（成本和风险配给、完全数量配给、部分数量配给）、信贷可得性之间的关系，探讨新型农村金融机构的设立是否降低了农户的信贷配给（成本和风险配给、完全数量配给、部分数量配给）、提高了农户信贷可得性。

一 新型农村金融机构发展对农户信贷可得性影响理论分析

农村金融服务效率低下、供求结构不合理，进而导致农业发展落后、农民收入水平较低，农村金融依然是整个金融体系和农村发展的"短板"（罗剑朝，2015）。农户获得信贷资源的匮乏则可能导致家庭生产经营困难和收入水平低下（Cralg et al., 2011）。围绕传统商业性金融机构金融供给不足、信贷配给等问题，有学者认为，新型农村金融机构可有效缓解农村金融供给不足和农户信贷配给问题，设立新型农村金融机构可以实现农村地区农户金融需求的有效覆盖。新型农村金融机构被认为是一种适应市场经济要求的内生性金融组织（洪丽霞，2015）。某一地区银行网点数目越多，金融服务的可获性越高，农户从正规金融获得贷款的能力也会提高（Leyshon，2006）。同时，金融机构网点数目的增加也会降低农户获得金融服务所需的成本。增加新型农村金融机构能够在一定程度上弥补农村金融服务空白，部分解决农村中小企业和农户融资难问题。陈曙莲（2009）也认为推进新型农村金融组织发展，可以为推动农村经济发展提供充足的、多元化的金融服务。同时，对于没有金融服务空白的地区，增加新型农村金融机构能够降低以农村地区信用社为主导的垄断地位。一般而言，农村金融市场上金融机构数量越多，各家金融机构网点分布越广泛，则金融市场竞争越激烈。Anním 等（2009）研究发现在引入贷款公司、农村社区银行以及合作社等多种金融机构后，非洲加纳地区农户获取正规金融服务的能力大大提升，这是由于不同的金融机构有不同的市场定位和目标群体。Varghese（2005）通过理论模型分析也发现竞争可以提高部分客户的信贷可获性。同时，黄惠春（2014）发现增加新型农村金融机构后，农信社随即开展了大面积的贷款户普查和重新授信，贷款利率也有所下滑，这些措施的实施都有效降低了农户与正规金融机构的信息不对称以及交易成本，有助于农户信贷可获性的提高。张兵等（2014）以江苏省金融机构和农户为研究对象，分别采用 Logit 模型和 ATE 模型，分析了村镇银行设立对农户信贷可获性的影响。研究发现村镇银行等新型农村金融机构的设立和发展，对农户信贷可获性有显著的正向影响。董晓林等（2016）基于江苏省 825 户农户样本，采用 Heckman 两阶段样本选择模型，分别从理论层面和实证分析层面，分析了农村资金互助社对农户正规信贷配给的作用。研究发现对于贫困农户而言，农村资金互助社的设立使得其信贷可得性有所提高，并且农民资金互助社的共跻监督机制能够降低农户信贷配给的程度。

纵观已有研究成果，存在以下不足：①新型农村金融机构作为新生事物，目前国内对其的研究多着眼于新型农村金融机构自身的运行状况，而对新型农村金融机构设立可否有效缓解传统农村金融机构金融供给不足、降低农户正规信贷配给程度的分析较少。②对于农户信贷配给的界定与测量，部分学者只考虑农户的完全数量信贷配给，而并没有将农户所受的信贷配给进行细化分析。③在研究方法上，现有的研究成果多采用 Tobit 模型、Probit 模型、Logit 模型、Logistic 模型等研究农户信贷配给的影响因素，并未引入层次特征因素，分析其影响农户信贷配给的影响因素。因此，在现有研究基础上，利用 2015~2016 年采集的陕西和宁夏地区的农户微观数据，采用分层模型，从乡（镇）①和农户两个层面分析新型农村金融机构覆盖与农户的信贷配给（成本和风险配给、完全数量配给、部分数量配给）和信贷可得性间的关系，进一步探讨新型农村金融机构的设立是否降低了农户的信贷配给（成本和风险配给、完全数量配给、部分数量配给）、提高了农户信贷可得性。此研究对完善农村金融服务体系、检验新型农村金融机构政策实施效果具有重要的现实意义。

二 新型农村金融机构发展对农户信贷可得性影响模型构建

近年来，多层模型②（Hierarchical Linear Models，HLM）已

---

① 课题调研地区只有乡镇层面才有新型农村金融机构提供农户融资活动，故选择乡镇作为一个层面。
② 多层模型有不同的称谓，也叫分层模型、阶层模型等。

被广泛应用于社会科学诸多领域，如经济学、心理学、教育学和社会学等。多层线性模型除了可以同时处理宏观层次的环境变量和微观层次的个体变量外，还可以调节数据的聚类性质，从群体因素中分离出个体因素对被解释变量的影响，减少估计偏差。此外，在社会科学研究中，经常采取分区域、分层次的调研方案采集样本，获得的数据一般为分层结构数据，而线性、正态、独立分布、方差齐性是传统线性回归分析（Classic Linear Regression, CLR）的基本先决条件，对于分层数据而言，独立分布和方差齐性并不成立，给估计带来相当大的难度，若用传统线性回归进行分析，不论将高层次因素纳入到低层次因素还是将低层次因素纳入到高层次因素进行处理，都会加大估计偏差。从技术上说，具有多层结构特点的数据应该采用多层模型来分析。分层模型中因变量的变异包括来自同一群体的个体差异（即"组内变异"）和来自不同群体之间的个体差异（即"组间变异"），分解组内和组间变异对因变量的影响，可以区分个体效果和群体效果，分析个体和群体间的关系以及其对因变量的影响。因此，本章采用分层模型，将农户所受到的信贷配给（成本和风险配给、完全数量配给、部分数量配给）变异分为农户的差异和乡（镇）间的差异，分别分析两个层面的影响因素，揭示不同层面因素对农户信贷配给的影响效应。其中，乡（镇）层面中重点考察是否被新型农村金融机构覆盖变量，以分析新型农村金融机构的设立对农户信贷配给的影响。然而，在分层模型中，若因变量是连续性变量且与自变量之间存在线性关系，则可直接进行系数回归估计，若因变量为离散型变量，因变量和自变量之间的关系则是通过非线性连接函数表示，构建分层模型则须引入连接函数。由于本文研究的农户是否受到信贷配给（成本和风险配给、完全数量配给、部分数量配给）是典型的分类变量，所以引入 Logit 连接函数来构建分层模型，并对其系数进行估计（朱玉春等，2014）。

（一）空模型[①]

根据研究变量及数据的需要，本文采用两层模型对不同收入水平农户信贷配给及其影响因素进行分析，即层一反映农户个体特征，层二反映乡（镇）层面特征。依据分层模型建模的一般步骤，首先构建空模型分析各层因素对因变量的影响是否显著，若影响差异显著，表明其对因变量有重要影响。空模型（M_0）是分层模型建模的基础，表达式如下：

$$农户层面：\ln\left(\frac{p_{ij}}{1-p_{ij}}\right) = \eta_{ij} \tag{4-1}$$

$$\eta_{ij} = \beta_{0j} + \varepsilon_{ij} \tag{4-2}$$

$$乡（镇）层面：\beta_{0j} = \gamma_{00} + \mu_{0j} \tag{4-3}$$

$$组合模型：\eta_{ij} = \gamma_{00} + \varepsilon_{ij} + \mu_{0j} \tag{4-4}$$

其中，式（4-1）中 p_{ij} 表示第 j 个乡（镇）第 i 个农户受到信贷配给的概率，i 和 j 的取值均为 1，2，3，…；η_{ij} 表示 Logit 连接函数的值，即"受到信贷配给"相对于"未受到信贷配给"的发生比对数。式（4-2）中，β_{0j} 和 ε_{ij} 分别代表截距和随机效应项，即第 j 个乡（镇）的农户受到信贷配给的均值以及围绕该均值的农户个体间差异。式（4-3）中，γ_{00} 表示总截距，即 η_{ij} 的总体均值，μ_{0j} 表示乡（镇）层面的随机效应项[②]。式（4-4）是组合模型，表示 η_{ij} 的度量是固定效应部分 γ_{00} 和随机效应部分 ε_{ij} 与 μ_{0j} 的线性组合。其中，ε_{ij} 与 μ_{0j} 的期望为 0，农户层面的方差分量是 $Var(\varepsilon_{ij}) = \sigma_1^2$，乡（镇）层面的方差分量是 $Var(\mu_{0j}) = \sigma_2^2$，[③]

[①] 又称"零模型"，指在分层模型中的各层均不含任何解释变量的模型，主要是判断分层模型的适用性，空模型的详细理论阐述见王济川等。

[②] 模型中 γ_{00} 是固定效应项。

[③] 关于 Logit 连接函数，组内方差 σ_1^2（农户层面的方差分量）被标准化为 $\pi^2/3 \approx 3.287$。

且 $Cov(\varepsilon_{ij}, \mu_{0j}) = 0$。乡（镇）内部个体间的相关性可以用组内相关系数（Intra-class Correlation Coefficient，ICC）来衡量，即乡（镇）间方差和总体方差之比（$ICC = \sigma_2^2/(\sigma_1^2 + \sigma_2^2)$），从 ICC 的表达式中可以看出，若 σ_2^2 的值越大，则 ICC 越大，表明乡（镇）层面对因变量的影响越大，则应考虑对数据进行多层模型建模，否则可以直接用 OLS 做回归分析。

（二）随机截距模型

通过空模型 M_0 的分析，如果组内相关系数（ICC）显著，即表明农户个体的所受到信贷配给在乡（镇）间存在明显差异，则需要在模型中同时加入能够反映农户个体层面和乡（镇）区域层面特征的解释变量，建立带有农户个体层面和乡（镇）区域层面特征解释变量的随机截距模型 M_1，随机截距模型假定因变量总均值随区域差距而异，但各乡（镇）回归模型的斜率固定，本文建立随机截距模型，分别考察乡（镇）层面和农户个体层面因素对因变量的影响。具体的随机截距模型 M_1 设定如下：

$$农户层面：\ln\left(\frac{p_{ij}}{1-p_{ij}}\right) = \eta_{ij} \qquad (4-5)$$

$$\eta_{ij} = \beta_{0j} + \sum_{n=1}^{N} \beta_{nij} X_{nij} + \varepsilon_{ij} \qquad (4-6)$$

$$乡（镇）层面：\beta_{0j} = \gamma_{00} + \sum_{m=1}^{M} \gamma_{m0j} W_{m0j} + \mu_{0j} \qquad (4-7)$$

$$组合模型：\eta_{ij} = \gamma_{00} + \sum_{m=1}^{M} \gamma_{m0j} W_{m0j} + \sum_{n=1}^{N} \beta_{nij} X_{nij} + \varepsilon_{ij} + \mu_{0j} \qquad (4-8)$$

其中，式（4-6）至式（4-8）中，X_{nij} 表示农户层面特征自变量，β_{0j} 表示第 j 个乡（镇）的截距，β_{nij} 表示第 j 个乡（镇）的斜率，即农户层面自变量对因变量的影响系数；W_{m0j} 表示乡（镇）层面特征自变量，γ_{m0j} 表示乡（镇）区域层面自变量对因变量的影响系数；N 和 M 取值为 1，2，3，…；η_{ij}，γ_{00}，ε_{ij}，μ_{0j} 的含义与空模型 M_0 中的含义一致。

三 数据来源、变量选择及样本描述

(一) 数据来源

为了从微观层面考察新型农村金融增量改革是否有效地改善了农村金融供求状况，本文选取陕西和宁夏2省（区）18县（市、区）关于农户对新型农村金融机构认知及参与情况的实地调研。其中调研区域包括10个拥有新型农村金融机构的县（市、区）和8个并未设立新型农村金融机构的县（市、区）；陕西北部调研区域为延安市安塞县，南部调研区域为商洛市洛南县，西部调研区域为宝鸡市岐山县、杨凌示范区，东部区域为渭南市、富平县、合阳县、白水县、华阴市、澄城县、蒲城县、华县、大荔县、潼关县，中部区域为西安市临潼区、高陵区、户县；宁夏北部调研区域为石嘴山市平罗县，南部调研区域为吴忠市同心县。其中调研区域包括14家村镇银行、6家小额贷款公司和7个农村资金互助社，样本区域新型农村金融机构覆盖情况见表4-1。

为保证样本的代表性和问卷的有效性，采用随机抽样和定点抽样、结构化问卷调查方法，并以访谈一对一提问的方式进行访问调查，使受访者的回答更加精确符合实际，共收集农户层面问卷2970份。通过对农户调研数据的整理和筛选，将调研数据中存在前后矛盾和数据缺失的样本剔除，本研究共选取2946户农户的有效问卷，问卷有效率达99%。由于新型农村金融机构一般设立在县城近郊及乡（镇）区域，各乡（镇）金融机构工作人员对本乡（镇）农村金融机构整体情况比较了解，

表4-1 样本区域新型农村金融机构覆盖情况

省份	地区	新型农村金融机构名称	覆盖区域
陕西	延安市安塞县	安塞建信村镇银行 安塞农银村镇银行	城关镇、曹村、真郊村、白坪村
	西安市临潼区	临潼海丝村镇银行 海博小额贷款公司 航海小额贷款公司 国欣小额贷款公司 信达小额贷款公司	新丰街道、骊山街道、西泉镇、任留乡
	西安市高陵区	高陵阳光村镇银行	鹿苑镇、榆楚镇、药惠乡、通远镇
	西安市户县	户县海丝村镇银行	五竹镇、光明乡、玉蝉镇、余下镇
	商洛市洛南县	洛南阳光村镇银行 洛南阳光村镇银行洛源支行	城关镇、古城镇、洛源镇
	宝鸡市岐山县	岐山硕丰村镇银行 岐山硕丰村镇银行人民路分处 岐山硕丰村镇银行凤鸣镇支行	蔡家坡镇、五丈原镇、凤鸣镇北郭村
	渭南市富平县	富平东亚村镇银行 惠民小额贷款公司	城关镇、东上官乡、吕村乡
	渭南市合阳县	合阳惠民村镇银行 万源小额贷款公司	城关镇、平政乡、知堡乡
宁夏	石嘴山市平罗县	沙湖村镇银行 沙湖村镇银行崇岗支行	前进乡、二闸乡、渠口乡、崇岗镇、高庄乡、头闸镇、五香乡、下庙乡
	吴忠市同心县	同心村级扶贫资金互助社	河西镇上河湾村、丁塘镇金家井村、丁塘镇新华村、下马关镇赵家庙村、下马关镇窑坑子村、下马关镇南安村、石狮镇满春村

所以调查人员通过对金融机构信贷人员进行访问调查,完成乡(镇)层面的数据收集。

(二) 农户基本特征描述

(1) 乡(镇)层面情况。本研究所选取的35个样本乡(镇)分别来自陕西省和宁夏回族自治区。其中,陕西省选取了20个样本乡(镇),宁夏回族自治区选取了15个样本乡(镇)。所调查的样本乡(镇)中至少有一所农村金融机构。从地理特征情况来看,样本乡(镇)主要以平原居多,占总的乡(镇)样本的92%。

(2) 农户层面。本研究所选取的18个县(区)分别来自陕西省和宁夏回族自治区。从所在区域特征情况来看,2946户样本农户所在地区主要集中在农区,占总样本的91.24%;样本农户中男性占比为74.03%,即受访者多数为户主;受访者年龄主要集中在30岁到59岁之间,其占比79.29%;文化程度主要以小学和初中文化水平为主,综合占比75.39%,从统计数据可以看出受访农户的文化程度普遍较低,主要集中在初中及以下水平;受访者家庭的经营类型是以非农业为主兼营其他为主,占比42.63%,纯农业经营的农户仅占比19.69%,农业为主兼营其他的农户占比27.02%,可以看出农户的经营重心逐渐偏向非农业。具体的农户基本特征数据见表4-2。

表4-2 农户基本特征调查情况

单位:%

变量	统计指标	频数	百分比	变量	统计指标	频数	百分比
所在区域	农区	2688	91.24	年龄	20-29岁	202	6.86
	小城镇	192	6.52		30-39岁	612	20.77
	工矿区	2	0.07		40-49岁	1041	35.34
	县城郊区	64	2.17		50-59岁	683	23.18
性别	男	2181	74.03		60岁及以上	408	13.85
	女	765	25.97				

续表

变量	统计指标	频数	百分比	变量	统计指标	频数	百分比
文化程度	文盲	164	5.57	经营类型	纯农业	580	19.69
	小学	615	20.88		农业为主兼营其他	796	27.02
	初中	1606	54.51		非农业为主兼营其他	1256	42.63
	高中	447	15.17				
	大专及以上	114	3.87		非农业	314	10.66

(三) 变量选择

借鉴已有研究（Gonzadez-Vega，1984；Petrick，2005；张龙耀和江春，2011），本文将农户面临的正规信贷配给类型分为借贷型价格配给、非借贷型价格配给、部分数量配给、完全数量配给、交易成本配给、风险配给和社会资本配给共七类，后五类表明农户受到了信贷配给。① 在实地问卷调查时，采用直接询问法，根据农户对三个层次问题的回答来识别农户的信贷配给类型。首先，通过对"是否申请贷款"的回答，将农户分为申请贷款农户和未申请贷款农户。其次，通过对"贷款是否得到满足"的回答，识别出借贷型价格配给（获得全部申请的贷款）、完全数量配给（申请被拒绝）或部分数量配给类型（仅获得部分申请的贷款）。然后，通过对"为什么没有申请贷款"的回答，识别出非借贷型价格配给（由于利率太高或者不需要贷款）、交易成本配给（由于手续太麻烦、其他贷款成本太高、附加条件多）、风险配给（担心失去抵押或者害怕承担债务）或社会资本配给（认为

---

① 目前在实证研究中对于信贷配给的定义主要强调贷款合约中非价格条件的影响，即在固定利率条件下，面对超额的资金需求，金融机构因无法或不愿提高利率而采取一些非价格的贷款条件，使部分资金需求者退出信贷市场，以消除超额需求而达到均衡。因此，由于借贷型价格配给和非借贷型价格配给都只与贷款价格有关，故农户并未受到信贷配给。

第四章 新型农村金融机构发展对农户信贷可得性影响实证分析

自己没有人缘关系)。

根据分层模型设定,本章的被解释变量为农户的信贷配给情况(完全数量配给、部分数量配给、交易成本和风险配给)。

解释变量的设定方面,从现有学者的研究看,影响农户信贷配给和融资参与的因素有很多,也有不少研究已经注意到乡(镇)层面环境因素影响的存在,但是专门把乡(镇)层面的环境因素独立展开进行分析的却甚少。研究农户信贷配给及其影响因素,不仅要考虑农户层面的影响因素,而且还应该关注乡(镇)层面的环境因素影响。首先,乡(镇)之间金融发展水平不一样,农村金融的供给情况不同,如乡(镇)间金融机构数目、机构信贷人员数目、信贷人员对各种信贷创新模式的推广力度等;其次,乡(镇)间经济发展水平和风俗习惯存在差异,如农户农地面积、种植结构、特色产业以及宗教信仰等;再次,农户个人和家庭方面的融资观念不同,不同农户对农村金融机构的认知,尤其是对新型农村金融机构的了解情况也会存在差异。因此,需要从农户和乡(镇)两个层面分析农户信贷配给及其影响因素。

本部分研究借鉴曹瓅等(2015)和牛晓冬等(2015)对陕西、宁夏的调查研究结果,综合考虑实地调查获取的信息,在农户层面选取了三大类共14个自变量,其中包括:农户特征变量(性别、年龄及文化程度)、农户家庭特征变量(家庭人员数、耕地面积、经营类型、所拥有总资产、社会关系[1]、负债水平、是否购买保险和贷款经历)、农村金融环境变量(农户家到金融机构的交通便利程度、农户对乡(镇)金融机构的信誉评价、农户对乡(镇)金融机构服务态度的满意度)。在乡(镇)层面选取了4个自变量,包括:是否为新型农村金融机构覆盖区域、是否

---

[1] 社会关系指是否有家庭成员或亲戚朋友担任(过)村干部、是否有家庭成员或亲戚朋友在政府部门任职(过)、是否有家庭成员或亲戚朋友(曾)在银行或信用社工作(过)。

为宗教信仰地区、该区域信贷人员数和金融机构数目。对变量的名称、定义和描述性统计见表4-3。

表4-3 变量说明及统计性描述

变量名称	定义和赋值	均值	标准差
因变量			
成本和风险配给	0=未受到信贷配给,1=受到信贷配给	0.2278	0.4195
完全数量配给	0=未受到信贷配给,1=受到信贷配给	0.2257	0.4181
部分数量配给	0=未受到信贷配给,1=受到信贷配给	0.0862	0.2807
信贷可得性	0=否,1=是	0.2576	0.5001
自变量			
农户层面			
性别	0=男,1=女	0.2597	0.4385
年龄	1=20~29岁,2=30~39岁,3=40~49岁,4=50~59岁,5=60岁以上	3.164	1.1142
文化程度	1=文盲,2=小学,3=初中,4=高中,5=大专及以上	2.909	0.8544
家庭人员数	家庭常住人员数（人）	4.3355	1.5065
耕地面积	土地经营面积对数	24.1336	76.5506
经营类型	1=纯农业,2=农业为主兼营其他,3=非农业为主兼营其他,4=非农业	2.4426	0.9241
总资产	房屋、土地、牲畜、农业设施、金融资产等资产综合值对数	12.6895	0.8983
社会关系	0=否,1=是	0.0838	0.2772
负债	1=0元,2=2000元以下,3=2001~5000元,4=5001~10000元,5=10001~20000元,6=20000元以上	2.7057	2.2802
是否购买保险	0=否,1=是	0.9263	0.2613
贷款经历	0=否,1=是	0.5696	0.4952
交通便利度	1=非常不便利,2=不便利,3=一般,4=便利,5=非常便利	3.8462	0.6789
机构信誉	1=非常不好,2=不好,3=一般,4=好,5=非常好	3.8024	0.7492

续表

变量名称	定义和赋值	均值	标准差
服务态度	1=非常不好，2=不好，3=一般，4=好，5=非常好	3.8371	0.7425
乡（镇）层面			
新机构覆盖	0=未覆盖，1=覆盖	0.3459	0.4757
宗教信仰	0=不是宗教信仰地区，1=是宗教信仰地区	0.4236	0.4748
信贷人员数	乡（镇）农村金融机构信贷人员数（人）	4.7815	1.7148
机构数目	乡（镇）农村金融机构	1.0599	0.9416

（四）农户信贷配给统计分析

本章通过课题组前期对宁夏和陕西2946户农户的实地调查，分别对农户的借贷意愿、决策响应、信贷可得性以及获批额度进行分析，发现农户融资的意愿普遍比较强烈，但是真正申请并足额获批贷款的农户仅占总样本的17.14%[①]。

表4-4 农户正规信贷行为统计

单位：%

借贷意愿	频数	占比	决策响应	频数	占比	信贷获批	频数	占比	获批额度	频数	占比
愿意	2251	76.41	申请	1424	63.26 (48.34)	获批贷款	759	53.30 (25.76)	足额	505	66.53 (17.14)
						未获批贷款	665	46.70 (22.57)	未足额	254	33.47 (8.62)
			未申请	827	36.74 (28.07)						
不愿意	695	23.59									
总和	2946	100		2251	100		1424	100		759	100

---

① 数据来源于陕西和宁夏农户调研问卷数据。

如表4-4所示，表示愿意借贷的农户占总样本的76.41%；做出申请贷款决策的农户占愿意借贷农户的63.26%，占总样本的48.34%，未申请贷款的农户占愿意借贷农户的36.74%，占总样本的28.07%；获批贷款的农户占申请贷款农户的53.30%，占总样本的25.76%，未获批贷款的农户占申请贷款农户的46.70%，占总样本的22.57%；在获批贷款的农户中66.53%足额获批贷款，而足额获批贷款的农户仅占总样本的17.14%；在获批贷款的农户中33.47%足额获批贷款，而足额获批贷款的农户仅占总样本的8.62%。总体上看，农户的信贷需求大，但是由于各种形式的信贷配给使得农户信贷可得性并不高，且有超过三分之一的农户信贷申请的额度并未得到满足。

如表4-5左栏所示，农户未申请贷款原因有很多，其中在未申请贷款的1522户农户中，有595个受访者表示不需要进行融资，占未参与农户的31.801%，因为此类农户的自有资金比较充足；21.967%的农户通过其他渠道获得资金（如向亲朋好友借、民间借贷等）；15.339%的农户表示没有合适的抵押物和担保人；8.552%的农户表示没有人缘关系贷不到款；7.083%的农户表示融资的手续麻烦，对农户参与贷款的附加条件比较多；7.590%的农户因为害怕丧失抵押物而不愿意用自己的产权进行抵押；而表示贷款额度大小不能满足需求、年龄大、无土地、银行服务态度不好、家离银行太远等限制因素的农户占比不到4%。总体而言，除了农户自有资金充足不需要进行借贷，农户更倾向于向亲朋好友借钱或者进行民间借贷，其中有超过7%的农户表示正规借贷手续繁琐，申请贷款并获得贷款的附加条件比较多，从侧面反映了农户受到贷款的隐性成本，即表示正规贷款隐性成本较高；除了自有资金充足和从其他渠道获得资金的农户，没有合适的抵押物和担保人、没有人缘关系怕贷不到款成为限制农户进行贷款的关键因素，足够的抵押物、合适的担保人以及人缘关系从

表4-5 农户未申请贷款及未足额获批贷款原因

单位：%

未申请贷款原因	频数	占比	未足额获批贷款原因	频数	占比
不需要，自己有钱	595	31.801	已达贷款额度上限	70	45.455
从其他途径获得了资金	411	21.967	缺少抵、质押品	34	22.078
没有合适抵押物和担保人	287	15.339	其他限制条件	19	12.338
没有人缘关系贷不到款	160	8.552	银行对我不信任	10	6.494
手续麻烦、附加条件多，没有民间贷款方便	146	7.803	作物和牲畜的价格风险太大	8	5.195
不敢或不愿意用产权进行抵押（害怕丧失抵押物）	142	7.590	信用社还款的时间与农产品销售的时间不吻合	8	5.195
贷款额度太小不能满足需要	59	3.153	作物生长受到天气影响有脆弱性	2	1.299
其他限制条件（年龄大、无土地）	59	3.153	过去有拖延还款的经历	2	1.299
银行服务态度不好	9	0.481	产量风险太大	1	0.649
合计		100.000	合计		100.000

侧面反映农户的社会资本；另外，因为害怕丧失抵押物而不愿参加贷款的农户占总样本农户的6.06%，表明农户害怕失去抵押物风险也是影响农户未申请贷款的重要因素；而农村金融环境（金融机构贷款额度、服务态度、离农户家庭距离等）也不是限制农户申请贷款的主要因素。

从表4-5右栏可以看出，有将近一半（45.455%）的贷款农户表示贷款金额已经达到额度的上限，这也是农户未足额获得贷款的最主要限制因素；从调研中发现，农户对农业生产及扩大经营规模所需要的资金比较大，而银行部分会根据农户的借贷情况以及还款能力进行农户信用评估，为了最大限度地降低农户借贷的风险，银行对农户进行贷款额度限制，以达到分散贷款、降低风险的目的。从表中看出有将近四分之一（22.078%）的贷款农户表示缺少足够的抵押和质押品，即农户现有的可作抵押的有效抵押品并不能满足农户的贷款需求；随着农村产权的不断改革，农村产权（农村土地经营权、宅基地、林权、集体建设用地等）抵押贷款以及混合担保贷款已经渐渐替代传统的信用贷款和担保贷款（三户联保、五户联保等），成为农户获得贷款的主要方式。但是通过调研发现，多数农户认为银行对其产权价值的评估存在一定程度的不合理性，产权价值评估普遍偏低，致使农户可供抵押的有效抵押物不足，相应抵押贷款并不能满足生产经营支出。有12.338%的贷款农户表示其他一些限制条件导致其未足额获得抵押贷款，这些其他的限制条件包括主办金融机构对农户还款能力和申请金额的考虑等；另外，作物和牲畜的价格风险太大、信用社还款的时间与农产品销售的时间不吻合也是贷款农户未足额获批贷款的重要原因。

由表4-6可以看出，新型农村金融机构覆盖区域和非新型农村金融机构覆盖区域农户的各类信贷配给的分布存在较大差异：首先，从受到各种信贷配给的比例来看，新型农村金融机构覆盖区域农户的主要信贷配给方式是成本和风险配给，而非新型农村金融机构覆盖区域农户的主要信贷配给方式是完全数量信贷配给。具体而言，新型农村金融机构覆盖区域受到成本和风险配给的农户为211户，占样本农户（新型农村金融机构覆盖区域）的20.707%；新型农村金融机构未覆盖区域受到完全数量信贷配给的农户为487户，占样本农户（非新型农村金融机构覆盖区域）的25.272%。其次，对比新机构覆盖和非覆盖区域农户受到的各种信贷配给，除了部分数量信贷配给外，新机构覆盖区域受到成本和风险配给、完全数量信贷配给的农户比例均低于非新机构覆盖区域。具体而言，新机构覆盖区域受到成本和风险配给的农户占样本农户（新机构覆盖区域）的20.707%，小于非新机构覆盖区域受到成本和风险配给的农户占样本农户（非新机构覆盖区域）的23.871%；新机构覆盖区域受到完全数量信贷配给的农户为178户，占样本农户（新机构覆盖区域）的17.468%，小于新机构未覆盖区域受到完全数量信贷配给的农户占样本农户（非新机构覆盖区域）的25.272%。最后，从总体样本来看，农户受到的各种信贷配给中，成本和风险配给与完全数量信贷配给所占比例基本相同，均高于22.573%，这两种信贷配给也是农户受到的主要的信贷配给形式。

表4-6 不同样本区域农户信贷配给类型统计

样本分类	新机构覆盖区域		非新机构覆盖区域		全样本	
配给类型	频数	占比（%）	频数	占比（%）	频数	占比（%）
成本和风险配给	211	20.707	460	23.871	671	22.777
完全数量配给	178	17.468	487	25.272	665	22.573
部分数量配给	90	8.832	164	8.511	254	8.622

四 新型农村金融机构发展对农户信贷可得性影响估计结果分析

（一）变量多重共线性检验和t检验

（1）多重共线性检验

考虑到本文中的农户个体和家庭特征变量之间可能存在多重共线性，本文针对选取的自变量，依次将每一个自变量设为因变量，其余变量设为自变量，通过Stata线性回归，来检验变量间的多重共线性问题。VIF表示方差膨胀因子，通常，当VIF=1时，可认为各解释变量之间不存在多重共线性；当VIF>3时，可认为各解释变量之间存在一定程度的多重共线性；当VIF>10时，可认为各解释变量之间高度相关。限于篇幅，本文仅列出年龄与其他解释变量之间方差膨胀因子的检验结果（如表 4-7 所示）。综合全部检验结果来看，每个回归方程的所有自变量其 VIF 均小于 3，按照膨胀因子不大于 10 的一般标准，各解释变量之间的共线性程度在合理范围之内，即说明变量间不存在多重共线性，可以作为模型自变量。

表 4-7 方差膨胀因子的检验结果

	变量	VIF	1/VIF
年龄	机构信誉	2.2400	0.4457
	服务态度	2.1800	0.4596
	借贷经历	1.3200	0.7576
	交通便利度	1.2800	0.7843
	耕地面积	1.1600	0.8596
	总资产	1.1400	0.8771
	文化程度	1.1200	0.8892
	经营类型	1.1200	0.8958
	性别	1.0600	0.9462
	新机构覆盖	1.0600	0.9463
	宗教信仰	1.0500	0.9524
	金融机构数	1.0400	0.9615
	信贷人员数	1.0400	0.9615
	家庭人员数	1.0400	0.9643
	社会关系	1.0200	0.9829
	平均方差膨胀因子 VIF	1.2900	

（2）样本 t 检验

表 4-8 是新型农村金融机构覆盖区域农户和非覆盖区域农户关于信贷配给、信贷可得性的样本 t 检验结果。具体的分析结果如下：第一，从样本 t 检验的显著性来看，除了部分数量信贷

配给，在新型农村金融机构覆盖区域农户和非覆盖区域农户的差异不存在显著差异，其余变量在新机构覆盖区域和非覆盖区域均存在显著的差异。第二，就成本和风险信贷配给指标而言，新机构覆盖区域农户受到成本和风险信贷配给的均值为0.2071，而非新机构覆盖区域农户受到成本和风险信贷配给的均值为0.2387，新机构覆盖区域农户小于非新机构覆盖区域农户，均值差为0.0316，且两者间的差异在10%的水平上通过显著性检验。第三，从完全数量信贷配给指标来看，新机构覆盖区域农户受到完全数量信贷配给的均值为0.1747，而非新机构覆盖区域农户受到完全数量信贷配给的均值为0.2527，新机构覆盖区域农户小于非新机构覆盖区域农户，均值差为0.0780，且两者间的差异在1%的水平上通过显著性检验。第四，就信贷可得性指标而言，新机构覆盖区域农户信贷可得性的均值为0.2884，而非新机构覆盖区域农户信贷可得性的均值为0.2413，新机构覆盖区域农户大于非新机构覆盖区域农户，均值差为0.0470，且两者间的差异在1%的水平上通过显著性检验。通过表4-8可以看出，新机构覆盖区域农户受到的主要信贷配给（成本和风险信贷配给、完全数量信贷配给）明显低于非新机构覆盖区域农户，而新机构覆盖区域农户信贷可得性明显高于非新机构覆盖区域农户，说明新型农村金融机构设立降低了农户信贷配给，并且提高了农户信贷可得性，但该结果只是简单的样本t检验分析，并没有考虑到影响农户信贷配给的其他因素，所以此描述性统计分析结果并不成熟，需要进一步通过计量模型进行分析验证。

表4-8 农户各类信贷配给样本t检验分析

变量名称	新机构覆盖区域 平均值	新机构覆盖区域 标准偏差	非新机构覆盖区域 平均值	非新机构覆盖区域 标准偏差	均值差	t值
成本和风险配给	0.2071	0.0127	0.2387	0.0097	0.0316*	1.9488

续表

变量名称	新机构覆盖区域 平均值	新机构覆盖区域 标准偏差	非新机构覆盖区域 平均值	非新机构覆盖区域 标准偏差	均值差	t 值
完全数量信贷配给	0.1747	0.0119	0.2527	0.0099	0.0780***	4.8370
部分数量信贷配给	0.0883	0.0089	0.0852	0.0064	-0.0032	-0.2915
信贷可得性	0.2884	0.0156	0.2413	0.0114	-0.0470***	-4.2729
样本量	1019		1927			

注：*、**、***分别表示在10%、5%、1%水平上显著。

（二）新型农村金融机构发展与农户信贷配给空模型估计结果

对于分层模型的估计，本文运用 Stata12 软件，采用极大似然估计法进行估计，模型中估计的标准误均为稳健的标准误。空模型的估计也称随机效应的单因素方差分析，是指农户层面的模型和乡（镇）层面的模型都不纳入任何的自变量，空模型分析的主要目的是将农户所受到的信贷配给（完全数量配给、部分数量配给、交易成本和风险配给）和农户信贷可得性的总方差分解为农户和乡（镇）两个层面的方差，并计算出乡（镇）层面的变异所占比例，用来检验不同的乡（镇）之间农户所受到的信贷配给和农户信贷可得性是否存在乡（镇）间差异。空模型的估计结果见表 4-9。

模型（1）至模型（4）分别为交易成本和风险配给、完全数量配给、部分数量配给和信贷可得性空模型的估计结果。在模型（1）中（交易成本和风险信贷配给），固定效应的截距为 0.498，表明每个农户所受到的交易成本和风险信贷配给平均值是 0.498，乡（镇）间的差异为 0.215，乡（镇）内农户间的差异为 0.456，组内相关系数（ICC）为 0.321，并且显著，表明各个乡（镇）间农户所受到的交易成本和风险信贷配给存在显著差异，即农户所受到的交易成本和风险信贷配给的差异中有 32.1% 是来自乡（镇）间农村金融供给等方面的差异，其余的 67.9% 则来自农户自身情况的差异。

在模型（2）中（农户完全数量信贷配给），固定效应的截距为 0.526，表明每个农户所受到的完全数量信贷配给平均值是 0.526，乡（镇）间的差异为 1.548，乡（镇）内农户间的差异为 2.345，组内相关系数（ICC）为 0.398，并且显著，表明各个乡（镇）间农户所受到的完全数量信贷配给存在显著差异，即农户所受到的交易成本和风险信贷配给的差异中有 39.8% 是来自乡（镇）间农村金融供给等方面的差异，其余的 61.2% 则来自农户自身情况的差异。

在模型（3）中（农户部分数量信贷配给），固定效应的截距为 0.548，表明每个农户所受到的完全数量信贷配给平均值是 0.548，乡（镇）间的差异为 0.345，乡（镇）内农户间的差异为 0.786，组内相关系数（ICC）为 0.305，并且显著，表明各个乡（镇）间农户所受到的部分数量信贷配给存在显著差异，即农户所受到的部分数量信贷配给的差异中有 30.5% 是来自乡（镇）间农村金融供给等方面的差异，其余的 69.5% 则来自农户自身情况的差异。

在模型（4）中（农户信贷可得性），固定效应的截距为 0.564，表明每个农户的信贷可得性平均值是 0.564，乡（镇）间的差异为 0.577，乡（镇）内农户间的差异为 1.388，组内相关系数（ICC）为 0.294，并且显著，表明各个乡（镇）间农户的信贷可得性存在显著差异，即农户信贷可得性的差异中有 29.4% 是来自乡（镇）间农村金融供给等方面的差异，其余的 90.6% 则来自农户自身情况的差异。因此，由上述四个模型的空模型估计结果，可以看出在采用层次分析法分析农户所受到的各类信贷配给（交易成本和风险配给、完全数量配给、部分数量配给）和农户信贷可得性时,应将乡(镇)层面的特征纳入到模型中,有助于提高模型参数估计结果的精确性。

表4-9 农户信贷配给的空模型估计结果

估计参数	模型(1)成本和风险配给		模型(2)完全数量配给		模型(3)部分数量配给		模型(4)信贷可得性	
	系数	标准误	系数	标准误	系数	标准误	系数	标准误
固定效应								
η_{ij} 总体均值(截距)	0.498	0.158	0.526	0.589	0.548	0.184	0.564	1.258
随机效应								
乡(镇)层面方差 σ_2^2(组间差异)	0.215	0.184	1.548	0.767	0.345	1.454	0.577	0.456
农户层面方差 σ_1^2(组内差异)	0.456	—	2.345	—	0.786	—	1.388	—
组内相关系数 ICC	0.321	—	0.398	—	0.305	—	0.294	—

(三)新型农村金融机构发展与农户信贷配给随机截距模型估计结果

本部分通过随机截距模型,分析新型农村金融机构覆盖对农户信贷配给(成本和风险配给、完全数量配给、部分数量配给)的影响,估计结果分别为表4-10中的模型(5)、(6)、(7)。同时,为了检验新型农村金融机构设立与农户信贷配给关系的稳健性,本部分还将农户信贷可得性作为因变量,分析新型农村金融机构对农户信贷可得性的影响,估计结果如表4-10中模型(8)所示。另外,为了排除异方差对统计检验的影响,模型估计

第四章 新型农村金融机构发展对农户信贷可得性影响实证分析

选择了报告稳健的标准差。从表4-10中的结果可以看出，乡（镇）层面的因素在不同信贷配给及信贷可得性的变异中起到重要的作用。从模型（5）至模型（8）的回归结果中可以看出，乡（镇）间的变异系数均通过了显著性检验（成本和风险信贷配给模型在10%的显著性水平下通过显著性检验，完全数量配给、部分数量配给、信贷可得性均在5%的显著性水平下通过显著性检验），在各个模型中组内相关系数值分别为0.145、0.278、0.320、0.224，且均通过了显著性检验。进一步证明分层模型的适用性，也验证了乡（镇）层面变量对农户信贷配给及信贷可得性的影响。综合模型（5）至模型（8）的回归结果，可以看出农户家庭人员数、是否购买农业保险、借贷经历、宗教信仰以及区域金融机构数目是影响农户信贷配给和信贷可得性的共同因素，而其他因素的影响在不同模型中则存在差异。

乡（镇）层面特征，根据模型（5）、（6）、（7）、（8）的系数估计结果，可以看出新型农村金融机构覆盖对农户的完全数量信贷配给及信贷可得性的影响较为显著，即在1%的水平上通过显著性检验，而对农户的成本和风险信贷配给以及部分数量信贷配给的影响不显著。具体而言，从模型（6）的估计结果可以看出，新型农村金融机构覆盖对农户的完全数量信贷配给的影响显著为负，即新型农村金融机构的设立会降低其覆盖区域农户信贷配给；另外，模型（8）中，从新型农村金融机构覆盖对农户的信贷可得性的影响估计结果，可以看出其影响显著为正，说明新型农村金融机构的设立会提高其覆盖区域农户信贷可得性。综合模型（6）和模型（8）的分析结果可以看出，新型农村金融机构作为农村金融增强改革的措施，其的设立可以有效缓解农户信贷配给（完全数量信贷配给），提高农户信贷可得性。而从模型（5）和模型（7）的分析结果可以看出新型农村金融机构覆盖对农户的成本和风险信贷配给以及部分数量信贷配给影响不显著，说明新型农村金融机构设立并不能改善其覆盖区域农户的交易成本和风险担心而产生的未申请贷款的情况，并且也不能改善覆盖区域农户信贷额度满意度。可能的原因是新型农村金融机构作为一种新兴的事物，农户对其的认知水平还不高，新机构的支农效果还未完全显现。

该乡（镇）是否为宗教信仰地区对农户部分数量信贷配给影响不显著外，对其他信贷配给及信贷可得性的影响都较为显著。从模型（5）和模型（6）的分析结果中可以看出，该乡（镇）是否为宗教信仰地区对农户成本和风险信贷配给、完全数量信贷配给的影响显著为负，说明宗教信仰可以有效降低农户所受到的成本和风险信贷配给、完全数量信贷配给；从模型（8）的回归结果中可以看出，该乡（镇）是否为宗教信仰地区对农户可得性的影响显著为正，说明宗教信仰可以提高农户信贷可得性。从笔者对陕西省和宁夏回族自治区的调查分析中发现，相较于陕西省的多数乡（镇），宁夏回族自治区（根据调研区域，多数为回族地区）农户参与融资的意愿更强烈，其中可能的原因是少数民族地区农户有共同的宗教信仰，它可以被视为一种信用或担保机制，具有降低外界不确定性的作用，会对农户的借贷行为有一定的约束能力，并在一定程度上提高农户的信用意识，信贷违约率较低，同时也能降低金融机构的投资风险，进而降低农户的信贷配给，提高农户信贷可得性。

从模型（5）至模型（8）的估计结果中可以看出，该地区信贷人员数只对农户成本和风险信贷配给以及信贷可得性有较为显著的影响，对于农户其他信贷配给的影响不显著。其中，信贷人员数对农户成本和风险信贷配给的影响显著为负，对农户信贷可得性的影响显著为正，即增加一定数量的办理信贷业务的人员，则可缓解农户所受到的成本和风险信贷配给，提升农户信贷可得性。一般而言，办理相关业务的信贷人员越多，其对该区域农户的融资业务的宣传作用会越大,进而会影响农户的融资意愿。但是,从实际调查的情况来看,机构信贷人员任务更多是对农户融资条件的审核,所以,信贷人员数对农户的完全数量信贷配给和部分数量信贷配给的影响不显著。

区域金融机构的数目除了对农户成本和风险信贷配给的影响不显著外,对农户其他类型信贷配给和信贷可得性均有较为显著的影响。一般而言,办理融资业务的农村金融机构数目越多、规模越大,其对农户融资业务的资金供给就越大,而现阶段农村金融依然是整个金融体系和农村发展的"短板"(罗剑朝,2015),农村地区贷款资金供给还远远不能满足农户的生产经营需求,所以,随着主办金融机构资金供给的加大,农户参与融资业务的意愿越强烈。

表4-10 农户信贷配给与新型农村金融机构随机截距模型估计结果

变量	模型(5)成本和风险配给	模型(6)完全数量配给	模型(7)部分数量配给	模型(8)信贷可得性
农户层面				
性别	-0.131	-0.595***	0.0102	-0.00734
	(0.116)	(0.130)	(0.156)	(0.0895)
年龄	-0.0180	-0.274***	0.0611	0.103***
	(0.0478)	(0.0524)	(0.0608)	(0.0372)
文化程度	0.00860	-0.266***	0.157**	0.0621
	(0.0642)	(0.0679)	(0.0766)	(0.0471)
家庭人员数	0.0425	0.194***	0.0930**	-0.0496**
	(0.0323)	(0.0356)	(0.0403)	(0.0250)
耕地面积	-0.00170	-0.00205**	0.00116	0.00105*
	(0.00178)	(0.000952)	(0.000734)	(0.000603)
经营类型	0.125**	-0.0788	-0.0883	0.00803
	(0.0580)	(0.0602)	(0.0736)	(0.0435)

续表

变量	模型（5）成本和风险配给	模型（6）完全数量配给	模型（7）部分数量配给	模型（8）信贷可得性
农户层面				
总资产	0.145**	-0.0858	0.00853	0.0899**
	(0.0619)	(0.0586)	(0.0713)	(0.0453)
社会关系	0.0641	-0.338*	-0.128	-0.0203
	(0.188)	(0.185)	(0.248)	(0.140)
负债	-0.128***	0.0293	-0.00353	0.00384
	(0.0286)	(0.0238)	(0.0297)	(0.0182)
是否购买保险	-0.3275*	-0.5706***	0.0921	0.3924***
	(0.1877)	(0.1824)	(0.2635)	(0.1494)
借贷经历	-2.539***	1.649***	0.387**	-0.263***
	(0.150)	(0.139)	(0.152)	(0.0884)
交通便利度	0.0171	0.0814	0.0496	0.0591
	(0.0924)	(0.0859)	(0.110)	(0.0644)
机构信誉	-0.0829	0.0447	-0.133	-0.0825
	(0.1075)	(0.1114)	(0.1142)	(0.0784)
服务态度	0.136	-0.391***	0.166	0.407***
	(0.1085)	(0.1107)	(0.1101)	(0.0782)
乡（镇）层面				
新机构覆盖	0.0748	-0.715***	0.0360	0.348***
	(0.1146)	(0.1174)	(0.1408)	(0.0819)
宗教信仰	-0.588*	-0.581***	0.3642	0.283*
	(0.7937)	(0.2677)	(0.2485)	(0.2904)
信贷人员数	-0.0913*	-0.0777	-0.0313	0.089*
	(0.1887)	(0.1858)	(0.2487)	(0.1405)
机构数目	-0.0481	-0.454**	-0.031*	0.021**
	(0.1583)	(0.7805)	(0.1874)	(0.0582)

第四章 新型农村金融机构发展对农户信贷可得性影响实证分析

续表

变量	模型（5）成本和风险配给	模型（6）完全数量配给	模型（7）部分数量配给	模型（8）信贷可得性
乡(镇)层面				
截距	-2.5453***	-0.2493	-3.5547***	-2.3394***
	(0.8954)	(0.8595)	(1.0373)	(0.6660)
乡(镇)间变异	0.012*	0.069**	0.158**	0.088**
	(0.1884)	(0.1858)	(0.2487)	(0.1403)
组内相关系数	0.145***	0.278***	0.320***	0.224***
N	2946	2946	2946	2946

注：*、**、*** 分别表示在10%、5%、1%水平上显著；括号内数值为各系数的标准误。

除了新型农村金融机构覆盖对农户信贷配给（成本和风险信贷配给、完全数量信贷配给、部分数量信贷配给）以及信贷可得性的影响外，模型（5）至模型（8）还列出了影响农户不同类型信贷配给以及信贷可得性的其他因素。从模型（5）可以看出，影响农户成本和风险信贷配给的因素包括：农户的经营类型、所拥有的总资产、农户负债水平、是否购买保险以及农户的借贷经历；从模型（6）的回归结果中可以看出，除了新型农村金融机构覆盖对农户完全数量信贷配给有影响外，影响完全数量信贷配给的因素还包括：农户的性别、年龄、文化程度、家庭人员数、耕地面积、社会关系、农户负债水平、是否购买保险、农户的借贷经历以及农户对金融机构服务态度的评价；从模型（7）的回归结果可以看出，影响部分数量信贷配给的因素包括：农户的文化程度、家庭人员数、农户的借贷经历；从模型（8）的回归结果可以看出，除了新型农村金融机构覆盖对农户信贷可得性有影响外，影响农户信贷可得性的因素还包括：农户的年龄、家庭人员数、耕地面积、所拥有的总资产、农户负债水平、是否购买保险、农户的借贷经历以及农户对金融机构服务态度的评价。综合分析模型（5）至模型（8）的回归结果，影响农户各类信贷配给以及信贷可得性的因素存在差异。具体而言，通过模型（5）至模型（8）的回归结果可以发现农户的借贷经历和是否购买保险为影响农户各种信贷配给及信贷可得性的共同因素，农户的年龄、家庭人员数、耕地面积以及农户对金融机构服务态度的评价是影响农户完全数量信贷配给和信贷可得性的共同因素，农户文化程度和家庭人员数是影响农户完全数量信贷配给和部分数量信贷配给的共同因素。

通过运用分层模型分析新型农村金融机构对农户信贷可得性影响的估计回归结果可以看出，新型农村金融机构覆盖对农户的信贷可得性的影响显著为正，说明新型农村金融机构的设立会提高其覆盖区域农户信贷可得性；从新型农村金融机构对农户信贷配给影响的分析可以看出，新型农村金融机构覆盖对农户的完全数量信贷配给的影响显著为负，即新型农村金融机构的设立会降低其覆盖区域农户完全数量信贷配给。但是，从回归结果可以看出，新型农村金融机构覆盖对农户的成本和风险信贷配给以及部分数量信贷配给影响不显著，说明新型农村金融机构的设立并不能改善其覆盖区域农户的交易成本和风险担心而产生的未申请贷款的情况，也不能改善覆盖区域农户信贷额度满意度。从以上的模型回归结果中可以看出新型农村金融机构在支农广度上初见成效，即新型农村金融机构的设立提高了农户信贷可得性，降低了农户的完全数量信贷配给；但是，新型农村金融机构在支农深度上效果并不明显，即新型农村金融机构设立并未降低农户的成本和风险信贷配给、部分数量信贷配给。

五　本章小结

本章利用 2015~2016 年采集的陕西和宁夏地区的农户微观数

据，采用分层模型，分析新型农村金融机构覆盖与农户的信贷配给（成本和风险配给、完全数量配给、部分数量配给）和信贷可得性的关系，主要得出以下结论：

（1）新型农村金融机构覆盖对农户的完全数量信贷配给的影响显著为负，即新型农村金融机构的设立会降低其覆盖区域农户信贷配给；新型农村金融机构覆盖对农户的信贷可得性的影响显著为正，说明新型农村金融机构的设立会提高其覆盖区域农户信贷可得性。

（2）新型农村金融机构覆盖对农户的成本和风险信贷配给以及部分数量信贷配给影响不显著，说明新型农村金融机构设立并不能改善其覆盖区域农户的交易成本和风险担心而产生的未申请贷款的情况，并且也不能改善覆盖区域农户信贷额度满意度。

（3）乡（镇）层面因素（新型农村金融覆盖、宗教信仰、金融机构数目）、农户家庭人员数、是否购买农业保险、借贷经历是影响农户信贷配给和信贷可得性的主要因素；其他因素影响则存在差异，影响农户成本和风险信贷配给的因素包括：农户的经营类型、所拥有的总资产、农户负债水平、是否购买保险；影响完全数量信贷配给的因素还包括：农户的性别、年龄、文化程度、耕地面积、社会关系、农户负债水平以及农户对金融机构服务态度的评价；影响部分数量信贷配给的因素包括农户的文化程度；影响农户信贷可得性的因素还包括：农户的年龄、耕地面积、所拥有的总资产、农户负债水平以及农户对金融机构服务态度的评价。

第五章
农户对新型农村金融机构信贷满意度实证分析

从第四章的分析结果可以看出，新型农村金融机构的设立可以有效降低农户信贷配给（完全数量信贷配给），提高农户信贷可得性。那么针对设立了新型农村金融机构区域的农户而言，其对新型农村金融机构了解程度、参与程度以及满意度如何，需要进一步分析，以更好地反映新型农村金融机构的支农效果。鉴于此，本章利用实地调研的 10 个设立了新型农村金融机构的县（区）1726 户农户数据，分别采用 Ordered Logit Model 和 Poisson Hurdle Model，对农户新型农村金融机构借贷意愿、信贷可得性、信贷额度和信贷满意度及其影响因素进行实证检验，分析农户参与新型农村金融机构贷款的情况及其满意度。

一 农户对新型农村金融机构信贷意愿及满意度理论分析

2006 年底，中国银监会调整放宽了农村地区银行业金融机构市场准入政策，按照"低门槛、严监管，先试点、后推开"等原则，鼓励和引导符合条件的境内外金融资本、产业资本和民间资本在农村地区投资设立村镇银行、贷款公司和农村资金互助社三类新型农村金融机构。发展新型农村金融机构是国家解决"三

第五章 农户对新型农村金融机构信贷满意度实证分析

农"问题的重要措施之一。进入21世纪以来,我国的"三农"问题日益突出,成为我国能否保持政治稳定和经济快速发展的关键变量。为此,从2004年开始,党中央、国务院连续颁发了十二个"一号文件"来推动"三农"问题的解决。在这十二个"一号文件"中有十个提到了发展新型农村金融机构的问题,可见国家对发展新型农村金融机构的重视。新型农村金融机构最初在6个省试点,2007年10月试点范围扩至全国31个省(区、市)。2009年,银监会开始实施新型农村金融机构三年总体工作安排,新型农村金融机构进入大规模组建阶段。新型农村金融机构是以服务"三农"为主要定位的金融机构。既然以区域内农村中低端客户为目标客户群,便需要新型农村金融机构牺牲一部分商业利润,带着某种程度的政策公益目的及对广大农民的深厚感情来开展金融服务,激发农户贷款意愿,确保新型农村金融机构的生存及发展。农户作为农村生产经营的主体力量,其贷款意愿和行为对新型农村金融机构的贷款业务乃至各项事业发展有着根本性影响。那么,2007年以来,我国新型农村金融机构的发展状况到底如何?农户对新型农村金融机构贷款政策的了解情况怎么样?农户对新型农村金融机构贷款意愿、贷款行为怎么样?农户对新型农村金融机构贷款满意度评价如何?本章试图在对新型农村金融机构进行总体考察的基础上,从陕西省和宁夏回族自治区农户微观的角度,综合分析农户对新型农村金融机构贷款意愿、行为、满意度及其影响因素,对于增强新型农村金融机构核心竞争力、巩固其支农功能的发挥具有重大的现实意义。

已有研究存在以下不足:(1)现有的研究多数将研究视角放在新型农村金融机构的市场定位、发展存在问题及对策、管理模式、内部治理等理论层面,缺少实证分析,而为数不多的实证研究也主要从村镇银行自身情况出发,总体缺少对村镇银行的服务对象即农户实际状况方面的分析,特别是缺乏对农户贷款意愿、行为和满意度的实证分析；(2) 现有研究成果多数是对新型农村金融机构的农户信贷意愿、信贷可得性及信贷满意度等单方面展开研究，综合分析农户新型农村金融机构的借贷意愿、信贷可得性及信贷满意度的研究甚少；(3) 研究方法上，现有的研究成果多用 Tobit 模型、Probit 模型、Logit 模型等（如张兵等，2014；王佳楣等，2013），而综合采用 Ordered Logit 模型和泊松门槛模型（Poisson Hurdle Model），分析农户新型农村金融机构的借贷意愿、信贷可得性及信贷满意度的研究甚少。因此，本文运用陕西省和宁夏回族自治区1726户农户调研数据，分别采用 Ordered Logit 模型和泊松门槛模型，分析农户新型农村金融机构的借贷意愿、信贷可得性、信贷额度及信贷满意度，回答了以下四个问题：第一，农户对新型农村金融机构的借贷意愿及服务满意度如何；第二，影响农户新型农村金融机构的借贷意愿的因素有哪些；第三，影响农户新型农村金融机构的信贷可得性的因素有哪些；第四，影响农户新型农村金融机构的信贷满意度的因素有哪些。

二　样本描述与变量选择

（一）样本描述

本文数据来自课题组 2015 年和 2016 年对陕西和宁夏 2 省（自治区）18 县（区）关于农户对新型农村金融机构认知及参与情况的实地调研。其中调研区域包括 10 个设立新型农村金融机构的县（区）和 8 个并未设立新型农村金融机构的县（区）；本章只采用 10 个设立了新型农村金融机构的县（区）农户为研究样本，样本量为 1726 户农户，对农户新型农村金融机构借贷行为和满意度进行实证检验。其中，陕西省选取了 8 个样本县（区），宁夏回族自治区选取了 2 个样本县（区）。从所在区域特征情况来看，1726户样本农户所在地区主要集中在农区，占总样本的89.51%；样本农户以男性为主，占比76.36%，即受访者多数为户主；受访者年龄主要集中在30岁到59岁之间，占比81.34%；文化程度主要以小学和初中文化水平为主，综合占比76.3%，其中小学以下文化水平占比4.87%，高中及以上文化水平占比18.83%，从统计数据可以看出，受访农户的文化程度普遍较低，主要集中在初中及以下水平；受访者家庭的经营类型是以非农业为主兼营其他为主，占比40.73%，纯农业经营的农户仅占比18.89%，农业为主兼营其他的农户占比26.94%，从统计数据可以看出，农户的经营重心逐渐偏向非农业。具体的农户基本特征数据见表5-1。

表5-1 农户基本特征调查统计

变量	统计指标	频率	百分比(%)	变量	统计指标	频率	百分比(%)
所在区域	农区	1545	89.51	文化程度	文盲	84	4.87
	小城镇	125	7.24		小学	318	18.42
	工矿区	1	0.06		初中	999	57.88
	县城郊区	55	3.19		高中	246	14.25
性别	男	1318	76.36		大专及以上	79	4.58
	女	408	23.64	经营类型	纯农业	326	18.89
年龄	20~29岁	115	6.66		农业为主兼营其他	465	26.94
	30~39岁	362	20.97				
	40~49岁	655	37.95		非农业为主兼营其他	703	40.73
	50~59岁	387	22.42				
	60岁及以上	207	11.99		非农业	232	13.44

根据调研的实际情况，本文利用调查问卷中"您对新型农村金融机构（村镇银行、贷款公司、资金互助社）贷款政策了解吗？"对农户对新型农村金融机构贷款政策了解度进行测度。

从设立新型农村金融机构区域样本看，38.41%的农户表示没有听说过新型农村金融机构，34.01%的农户表示对新型农村金融机构贷款政策听说过一点，仅仅有11.59%的农户表示对新型农村金融机构贷款政策基本了解，7.59%的农户对新型农村金融机构贷款政策和办理程序非常了解。从图5-1可以看出，对新型农村金融机构贷款政策不太了解的农户（表示没有听说过和听说过一点的农户）占样本农户的72.42%；对新型农村金融机构贷款政策比较了解的农户（表示基本了解和非常了解的农户）仅占样本农户的19.18%，不到设立新型农村金融机构区域样本农户的20%。这仅仅是对设立了新型农村金融机构的样本区域农户的统计分析，若再加上还有许多样本区域并未设立新型农村金融机构，新型农村金融机构贷款政策了解的农户远远不足20%。

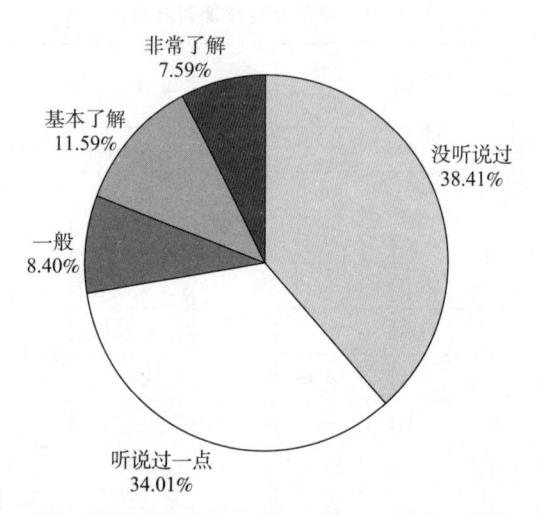

图5-1 农户对新型农村金融机构了解度示意

根据调研的实际情况，本文利用调查问卷中"您愿意从新型农村金融机构贷款吗？"对农户新型农村金融机构贷款意愿进行测度。从设立新型农村金融机构区域样本看，3.65%的农户非常不愿意从新型农村金融机构贷款，即此部分农户大部分是因为对新型农村金融机构的信誉存在怀疑而拒绝了解新型农村金融机构；23.29%的农户表示不愿意从新型农村金融机构贷款，此部分农户可能是因为自有资金充足或者可以从亲朋好友处获得资金；16.98%的农户对新型农村金融机构贷款政策和办理程序不了解，但并不拒绝从新型农村金融机构贷款，视当年家庭投入情况而定，为潜在的参与者；46.35%的农户愿意从新型农村金融机构贷款，9.73%的农户表示非常愿意从新型农村金融机构贷款。从图5-2可以看出，潜在的和愿意从新型农村金融机构贷款的农户占72.06%，而从实际设立新型农村金融机构区域的调研样本来看，做出申请并从新型农村金融机构获得贷款的农户为387户（详见表5-2），仅占样本农户的22.42%。可见，影响农户从新型农村金融机构贷款的因素并不仅仅只有农户的参与意愿，需要进一步探究哪些因素阻碍了农户从新型农村金融机构获得贷款。

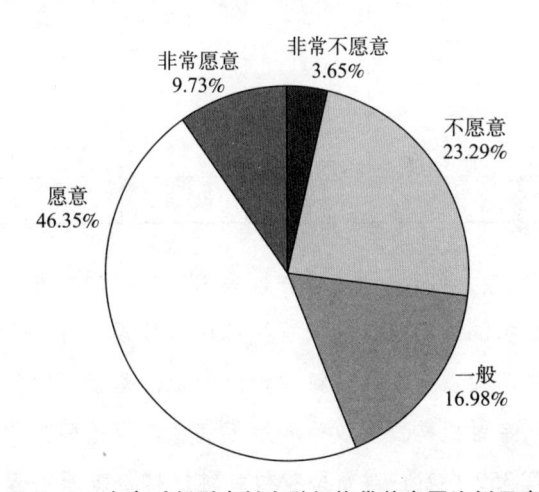

图 5-2 农户对新型农村金融机构贷款意愿比例示意

表5-2给出了样本农户从新型农村金融机构获得贷款的基本情况。从表5-2中可以看出，在1726个调查样本农户中，有1339户农户未从新型农村金融机构获得过贷款，占设立新型农村金融机构区域的样本农户的77.58%；其中有145户农户获得3万元及以下贷款，占样本农户的8.40%，获得3万元到5万元的农户占样本

农户的6.78%,获得5万元以上的农户占比均不超过5%。本研究分别将农户获得新型农村金融机构贷款额度按照区间进行赋值,具体赋值如表5-2所示。根据农户从新型农村金融机构获得贷款额度的数据特征可以看出,其属于典型的计数数据(Count Data),并且1726户样本农户的获得贷款额度的均值(0.4670)和方差(0.6601)非常接近(详见表5-3),在统计学意义上没有显著性差异,此类数据近似地服从泊松分布(Poisson Distribution)。

表5-2 农户从新型农村金融机构获得贷款额度的基本情况

农户获得贷款额度(元)	赋值	户数	占总户数的比重(%)
0	0	1339	77.58
3万元及以下	1	145	8.40
3万~5万元	2	117	6.78
5万~10万元	3	86	4.98
10万~15万元	4	26	1.51
15万元以上	5	13	0.75
合计		1726	100

从新型农村金融机构获得贷款的387户农户对新型农村金融机构贷款服务的满意度基本情况统计可以发现,在387户获得贷款的农户中,仅仅有4户从新型农村金融机构获得过贷款的农户对新型农村金融机构贷款政策表示不满意,仅占获得贷款农户的1.04%;有359户农户对新型农村金融机构贷款服务表示满意和非常满意,占获得贷款农户的92.76%;总体而言,获得贷款农户对新型农村金融机构贷款服务表示满意,说明农户对新型农村金融机构贷款服务满意度较高。

(二)变量选择

从现有研究看,影响农户融资意愿以及行为的因素有很多,本研究在借鉴已有研究的成果基础上选取了四大类共 14 个影响因素，包括农户特征变量（农户的性别、年龄及文化程度），农户家庭特征变量（家庭人员数、耕地面积、经营类型、所拥有总资产、社会网络关系、贷款经历），农户认知层面变量（农户对新型农村金融机构贷款政策的了解程度、农户贷款需求），农村金融环境（农户到金融机构的交通便利程度、农户对所在区域金融机构的信誉评价和金融机构服务态度评价）。变量的名称及定义和描述性统计见表 5-3。

表 5-3　农户对新型农村金融机构贷款意愿、行为及满意度变量说明及统计

变量名称	定义和赋值	样本量	均值	标准差
因变量				
意愿	1=非常不愿意，2=不愿意，3=一般，4=愿意，5=非常愿意	1726	3.3523	1.0528
借贷额度	0=0元，1=3万元及以下，2=3万~5万元，3=5万~10万元，4=10万~15万元，5=15万元以上	1726	0.4670	0.6601
满意度	1=非常不满意，2=不满意，3=一般，4=满意，5=非常满意	387	4.0765	0.9287
自变量				
性别	0=男，1=女	1726	0.2364	0.4250
年龄	1=20~29岁，2=30~39岁，3=40~49岁，4=50~59岁，5=60岁以上	1726	3.1211	1.0799
文化程度	1=文盲，2=小学，3=初中，4=高中，5=大专及以上	1726	2.9525	0.8383
家庭人员数	家庭常住人员数（人）	1726	4.1428	1.4117
耕地面积	土地经营面积对数	1726	31.6651	90.5259
经营类型	1=纯农业，2=农业为主兼营其他，3=非农业为主兼营其他，4=非农业	1726	2.4873	0.9471

续表

变量名称	定义和赋值	样本量	均值	标准差
自变量				
总资产	房屋、土地、牲畜、农业设施、金融资产等资产总值对数	1726	12.7340	0.9600
社会关系	0 = 否,1 = 是	1726	0.0849	0.2892
贷款经历	0 = 否,1 = 是	1726	0.5829	0.4932
新机构了解度	1 = 没听说过,2 = 听说过一点,3 = 一般,4 = 基本了解,5 = 非常了解	1726	1.7625	0.7418
贷款需求	0 = 否,1 = 是	1726	0.4786	0.4997
交通便利度	1 = 非常不便利,2 = 不便利,3 = 一般,4 = 便利,5 = 非常便利	1726	3.9114	0.6458
机构信誉	1 = 非常不好,2 = 不好,3 = 一般,4 = 好,5 = 非常好	1726	3.8772	0.7069
服务态度	1 = 非常不好,2 = 不好,3 = 一般,4 = 好,5 = 非常好	1726	3.9270	0.7056

注：社会关系指是否有家庭成员或亲戚朋友担任（过）村干部、是否有家庭成员或亲戚朋友在政府部门任职（过）、是否有家庭成员或亲戚朋友（曾）在银行或信用社工作（过），三种情况均没有则赋值为0，其余赋值为1。

三 农户对新型农村金融机构信贷意愿及满意度计量模型

本文实证部分共分为三个部分，第一部分对受访农户新型农村金融机构的贷款意愿及其影响因素进行 Ordered Logit 和 Ordered Probit 回归分析；第二部分是采用补充双对数模型和截断泊松回归模型，对受访农户是否获得新型农村金融机构贷款及其影响因素进行实证分析；第三部分则是采用 Ordered Logit 和 Ordered Probit 模型，对从新型农村金融机构获得贷款农户进行新型农村金融机构满意度及其影响因素的实证分析。

（一）新型农村金融机构信贷意愿分析

农户的新型农村金融机构信贷意愿的取值是有顺序的，所以，这一部分研究将采用 Ordered Logit 和 Ordered Probit 回归模型，对影响农户新型农村金融机构信贷意愿的关键因素进行检验，从已有的关于融资意愿影响因素分析中可以看出，除了农户个人特征变量外，还应该主要包括农户对农村金融环境的评价和对新型农村金融机构的认知等。

选择是基于效用的比较，假设效用函数是 $u = \sum_{i=1}^{n} \beta_n X_n + \varepsilon_i$，计量模型参见方程式（5-1）：

$$Y = \alpha_0 + \sum_{i=1}^{n} \beta_n X_n + \varepsilon_i \qquad (5-1)$$

式（5-1）中 Y 为因变量，表示农户从新型农村金融机构贷款意愿，ε_i 代表随机效应项，X_n 表示自变量，包括农户特征变量、家庭特征变量、农户认知变量、农村金融环境变量，具体变量赋值详见表 5-3。

（二）新型农村金融机构信贷额度分析

由表 5-2 可以看出，部分农户并没有从新型农村金融机构获得贷款，即融资额度为 0，而一部分农户融资额度的赋值等于或者大于 1，即融资额度大于 0，样本呈现"零"值和"正整数"值两类，若要对"正整数"值的样本进行计量分析，就必须对"零"值进行数据截断，且农户从新型农村金融机构获得贷款额度赋值近似服从泊松分布，所以，这一部分则是采用补充双对数模型和截断泊松回归模型，对受访农户新型农村金融机构信贷额度及其影响因素进行实证分析。其中，采用补充双对数模型处理农户是否从新型农村金融机构获得贷款，在此数据截断完成后，采用截断泊松回归模型处理具有"正整数"特征的农户从新型农村金融机构获得贷款额度。为使模型成立，本研究假定这两个模型彼此独立。若农户未从新型农村金融机构获得贷款（$A_i=0$），则融资额度为零（$B=0$）；相反，若农户从新型农村金融机构获得贷款（$A_i=1$），则有融资额度大于零（$B>0$）。若 $A_i=0$，则 $P(A_i=0)$；若 $A_i=1$，则 $P(A_i=1)\cdot f(B/A_i=1)=P(A_i=1)\cdot f(B>0)$，其中，f(·)为密度方程，P(·)为概率方程。

本文针对农户是否从新型农村金融机构获得贷款，采用的补充双对数模型如下所示：

$$P(A_i=0)=e^{-\exp(\alpha x)} \qquad (5-2)$$

$$P(A_i=1)=1-e^{-\exp(\alpha x)} \qquad (5-3)$$

在式（5-2）和式（5-3）中，X 表示影响农户 i 是否从新型农村金融机构获得贷款的因素，α 表示影响因素所对应的系数。

若农户从新型农村金融机构获得贷款（$A_i=1$），针对农户从新型农村金融机构获得贷款额度（$B>0$），所采用的截断泊松回归方程如下所示：

$$P(B/B>0)=\frac{P(B)}{P(B>0)}=\frac{e^{-\exp(\beta z)}(\beta z)^B}{B!\ [1-e^{-\exp(\beta z)}]},\ B=1,2,\cdots,N \quad (5-4)$$

接下来，联立补充双对数模型与截断泊松回归模型，得到的对数似然方程如下：

$$\ln L = \sum_{c_i=0}(-e^{\alpha x})$$
$$+ \sum_{B>0}\{\ln[1-e^{-\exp(\alpha x)}]-e^{\beta z}+B\beta z-\ln B!-\ln[1-e^{-\exp(\beta z)}]\}$$
$$B=1,2,\cdots,N \qquad (5-5)$$

方程式（5-5）实际上是具有样本选择性质的泊松门栏模型的对数似然表达式，它由穆拉赫于1986年提出，并且从式（5-5）中可以看出，它实际上是由补充双对数和截断泊松回归模型的对数似然表达式组成。前文已经假定补充双对数和截断泊松回归模型相互独立，因此，在并不造成估计信息损失和估计效率低下的情况下，本文将分别估计这两个模型来实现对泊松门栏模型的估计。

（三）新型农村金融机构信贷满意度分析

同样，农户对新型农村金融机构服务满意度的取值是有顺序的，所以，这一部分研究将采用 Ordered Logit 和 Ordered Probit 回归模型，以从新型农村金融机构获得贷款的 387 户农户为样本，检验贷款农户对新型农村金融机构贷款服务满意度的关键影响因素，模型设定与 5.3.1 的模型设定类似。

四 农户对新型农村金融机构信贷满意度模型估计与分析

本章运用 Stata12 软件对模型进行实证分析，估计结果如表 5-4 所示。其中，模型（1）是农户新型农村金融机构贷款意愿及其影响因素估计结果，模型（2）是农户是否从新型农村金融机构获得贷款及其影响因素估计结果，模型（3）是农户从新型农村金融机构获得贷款额度及其影响因素估计结果，模型（4）是农户对新型农村金融机构信贷服务满意度及其影响因素估计结果。

（一）新型农村金融机构信贷意愿实证检验结果分析

本部分采用 Ordered Logit 模型对农户新型农村金融机构贷款意愿及其影响因素进行估计，估计结果如表 5-4 所示[1]。从模型

---

[1] 本文同时采用了 Ordered Logit 和 Ordered Probit 模型对农户的参与意愿及其影响因素进行检验，其回归系数较为接近，由于篇幅的限制仅列出 Ordered Logit 模型的检验结果。

(1) 的实证结果可以看出,农户所在区域金融机构的信誉、服务态度对农户新型农村金融机构贷款意愿均有正向影响,且均在1%的水平上通过显著性检验,即良好的农村金融环境(所在区域金融机构良好的信誉和服务态度)正向促进农户新型农村金融机构贷款意愿。对于农户认知方面的变量,实证结果可以看出农户对新型农村金融机构贷款政策的了解度和农户的贷款需求,均在1%的显著水平上与农户新型农村金融机构贷款意愿强烈正相关,这表明通过周围村民介绍以及农村金融机构的宣传,农户对新型农村金融机构贷款政策和办理程序的不断了解,农户对该项政策的满意度也在不断地提高,进而农户从新型农村金融机构的贷款意愿在不断地加强。因此,为了更好地宣传新型农村金融机构贷款政策,应该加大其在农村集体活动社区的宣传力度,提高农户对新型农村金融机构贷款政策的了解程度和满意程度。此外,农户性别、经营类型、农户所拥有的总资产对农户新型农村金融机构贷款意愿均有显著影响。其中,农户性别和经营类型对农户新型农村金融机构贷款意愿的影响显著为负,即男性农户相比女性更愿意从农户新型农村金融机构贷款,经营类型为以农业为主的农户更愿意从新型农村金融机构贷款。农户家庭所拥有的总资产对农户新型农村金融机构贷款意愿的影响显著为正,即农户家庭所拥有的总资产越多,从新型农村金融机构贷款的意愿越强。

另外,模型(1)的回归结果还给出了4个分界点cut1、cut2、cut3和cut4,对这4个分界点的解释是:当y的估计值$y^* \leq 4.6542$(cut1)时,y值等于1;当$4.6542 < y^* \leq 7.3694$(cut2)时,y值等于2;当$7.3694 < y^* \leq 8.49$(cut3)时,y值等于3;当$8.49 < y^* \leq 12.2365$(cut4)时,y值等于4;当$y^* > 12.2365$时,y值等于5。

(二) 新型农村金融机构信贷额度实证检验结果分析

在表5-4中模型(2)和模型(3)是农户新型农村金融机

构信贷额度的实证检验结果,其中,模型(2)是采用补充双对数模型对农户是否从新型农村金融机构获得贷款进行实证检验,模型(3)是采用截断泊松回归模型对农户新型农村金融机构贷款额度的影响因素进行实证检验。

从模型(2)中可以看出,农户家庭所拥有资产总额和家庭社会网络关系对农户新型农村金融机构贷款可得性具有显著的正向影响。因为农户家庭所拥有资产总额和家庭社会网络关系,不只是新型农村金融机构也是传统农村金融机构考量农户还款能力的重要因素,家庭所拥有资产总额越多,可供农户进行抵押贷款的有效抵押品就相对越多;家庭社会网络丰富的农户,能更多更快地接触到新的致富信息和渠道,其获取相关政策信息速度更快,也更容易接受新政策,另外,家庭所拥有资产总额越多和家庭社会网络丰富的农户在当地能体现一定的社会地位和身份,表现出其在当地群众中有一定声望(赵允迪等,2012),自然也更愿意和更容易通过借贷缓解家庭资金不足。

农户的贷款经历在1%的显著水平下与农户新型农村金融机构贷款可得性正相关,信贷经历有助于农户形成对正规信贷的正确预期,使其产生对正规信贷的需求,并且新型农村金融机构可以通过农户信贷经历来对农户信誉进行评价,而在前期调研中发现农户几乎不存在主动违约的现象,所以良好的信贷经历大大增加了农户从新型农村金融机构获得贷款的可能性。农户所在区域金融机构的信用对农户是否从新型农村金融机构获得贷款具有正影响,可以解释为,随着新型农村金融机构的设立,农户所在区域金融机构数目也越多,可供农户借贷的资金供给量就会相应增加,再加上农户对所在区域金融机构的信誉评价越好,提供贷款业务相关方面的服务质量和效率也会提高,能更好地促进农户从新型农村金融机构获得贷款。另外,农户性别、文化程度和经营类型对农户是否从新型农村金融机构获得贷款具有显著的负影响，即男性、文化程度较低、以农业经营为主的农户更容易从新型农村金融机构获得贷款。

表 5－4　农户对新型农村金融机构贷款意愿、行为及满意度影响因素估计结果

模型	模型（1）	模型（2）	模型（3）	模型（4）
性别	－0.4014***	－0.3080*	0.1893	0.1810
	(0.1165)	(0.1708)	(0.1303)	(0.3178)
年龄	－0.0605	0.0779	－0.0192	－0.0250
	(0.0491)	(0.0678)	(0.0564)	(0.1289)
文化程度	－0.0961	－0.1690**	0.1778***	－0.1022
	(0.0612)	(0.0790)	(0.0661)	(0.1529)
家庭人员数	0.0166	－0.0419	0.0203	－0.2430
	(0.0353)	(0.0474)	(0.0369)	(0.0909)
耕地面积	0.0003	－0.0000	0.0006**	－0.0016*
	(0.0006)	(0.0005)	(0.0003)	(0.0008)
经营类型	－0.2296***	－0.1922***	0.0250	－0.1904
	(0.0554)	(0.0702)	(0.0598)	(0.1383)
总资产	0.2444***	0.1633**	0.3269***	0.4286***
	(0.0550)	(0.0727)	(0.0473)	(0.1369)
社会网络关系	0.0153	0.0040*	0.0128	－0.0570
	(0.0209)	(0.0266)	(0.0214)	(0.0517)
贷款经历	－0.0504	2.8455***	13.3184	－1.8257**
	(0.1279)	(0.3957)	(378.0020)	(0.9060)
新机构了解度	0.6909***	1.5340***	－0.0910	0.4755**
	(0.0888)	(0.1199)	(0.0966)	(0.2275)
贷款需求	0.6731***	0.2008	0.0077	0.0351
	(0.1239)	(0.1409)	(0.1122)	(0.2662)
交通便利度	0.1355	－0.0141	－0.1101	－0.0021
	(0.0855)	(0.1233)	(0.0899)	(0.2178)

续表

模型	模型（1）	模型（2）	模型（3）	模型（4）
机构信誉	0.3013***	0.3143*	0.0265	0.0211
	(0.1090)	(0.1701)	(0.1487)	(0.3298)
服务态度	0.3455***	-0.0525	0.0116	0.5357*
	(0.1045)	(0.1612)	(0.1436)	(0.3082)
cut1	4.6542			-1.9030
	(0.8833)			(2.5317)
cut2	7.3694			-1.2007
	(0.8859)			(2.4823)
cut3	8.4900			0.8410
	(0.8912)			(2.4419)
cut4	12.2365			4.3799
	(0.9237)			(2.4545)
_cons		-10.0530***	-17.6441	
		(1.2140)	(378.0030)	
LR chi2 (18)	963.64***	1006.33***	121.51***	49.31***
Log likelihood	-1838.6288	-415.4007	-482.4762	-325.6688
N	1726	1726	387	387

注：模型（1）和模型（4）为了保证参数的可识别性，Stata对参数进行了标准化，因此不包含常数项。

从模型（3）的估计结果可以看出，影响农户新型农村金融机构贷款额度的因素主要有农户的文化程度、农户所拥有的耕地面积和总资产，而其他因素对农户新型农村金融机构贷款额度影响均不显著。其中，农户所拥有的耕地面积在5%的显著水平下与农户新型农村金融机构贷款额度强烈正相关，农户文化程度、所拥有的总资产在1%的显著水平下与农户新型农村金融机构贷款额度正相关。可能的解释是农户从新型农村金融机构提出贷款的申请后，新型农村金融机构会对农户的耕地和资产情况做相应分析，以综合评价出农户的还款能力，才决定给农户提供相应额度的贷款，而农户的文化程度也是新型农村金融机构评价农户信誉情况的一个重要参考。

（三）新型农村金融机构信贷政策满意度实证检验结果分析

在表5-4中模型（4）是贷款农户对新型农村金融机构信贷满意度的实证检验结果，从模型（4）中可以看出，农户所拥有耕地面积和总资产、贷款经历、对新型农村金融机构了解度、所在区域金融机构服务态度对农户新型农村金融机构信贷满意度有显著的影响。其中，农户所拥有耕地面积在10%的显著水平下负向影响农户的新型农村金融机构信贷满意度，即在从新型农村金融机构获得贷款的农户中，所拥有耕地面积越多的农户对新型农村金融机构的满意度越低。可能的原因是新型农村金融机构的服务目标是"支农、支小"，发放给每户农户的信贷额度比较低，而对于拥有较多耕地面积的农户来说，远远不能满足其农业生产投资需求，从前期调研中发现，多数农户对新型农村金融机构的信贷额度表示不满意。农户所拥有资产在1%的显著水平下正向影响农户的新型农村金融机构信贷满意度，即在从新型农村金融机构获得贷款的农户中，所拥有总资产越多的农户对新型农村金融机构的满意度越低。农户借贷经历在5%的显著水平下负向影响农户的新型农村金融机构信贷满意度，即在从新型农村金融机构获得贷款的农户中，借贷经历越丰富的农户，对新型农村金融机构的满意度评价越低，可能的原因是借贷经历越丰富的农户对各项贷款政策及业务比较了解，在农村地区相对于传统农村金融机构，新型农村金融机构还处于初步试点发展阶段，创新可以给新型农村金融机构带来发展机遇，但是同样会面临众多不确定因素，进而会使得部分借贷经历越丰富的农户对新型农村金融机构信贷服务存在疑虑。农户对新型农村金融机构的了解度以及对区域金融机构服务满意度评价分别在 5% 和 10% 的显著水平下正向影响农户的新型农村金融机构信贷满意度，即随着农户对新型农村金融机构贷款政策和贷款程序不断地了解，农户对新型农村金融机构的认知在不断提高，再加上区域金融机构服务态度的提高，农户对新型农村金融机构的满意度也在不断提高。

综合分析模型（1）、模型（2）、模型（3）和模型（4）的估计结果可以发现：第一，农户所拥有资产总额和对新型农村金融机构的了解度是影响农户新型农村金融机构贷款意愿、信贷额度和满意度的共同因素；农户性别、所经营耕地面积及对区域金融机构信誉的评价是影响农户新型农村金融机构贷款意愿、信贷可得性的共同因素；农户对区域金融机构服务态度的评价是影响农户新型农村金融机构贷款意愿和满意度的共同因素。第二，在运用泊松门栏模型进行估计时，补充双对数模型"模型（2）"的估计结果中具有显著性影响的变量数明显多于截断泊松回归模型"模型（3）"，说明在本文的研究中模型 3 在泊松门栏模型估计中起到主要的影响，即农户能否从新型农村金融机构获得贷款比其获得贷款的额度更重要。第三，有一些变量在四个模型的估计中有着不同的显著性影响，有些变量甚至影响的方向相反。譬如，农户的文化程度对新型农村金融机构贷款可得性影响显著为负，而对农户从新型农村金融机构获得贷款额度影响显著为正；农户家庭所拥有耕地面积对农户从新型农村金融机构获得贷款额度影响显著为正，却对农户对新型农村金融机构信贷满意度的影响显著为负；农户的借贷经历对新型农村金融机构贷款可得性影响显著为正，而对农户新型农村金融机构信贷满意度的影响显著为负。这些发现正是本文的研究价值所在，这说明不仅外生变量对农户新型农村金融机构信贷意愿、信贷可得性、信贷额度以及信贷满意度获得贷款的影响存在差异，而且同一外生变量在不同计量分析阶段中仍然有着不同的权重。另外，通过对模型（1）和模型（2）回归结果的对比分析，即新型农村金融机构信贷意愿和信贷可得性，可有效地探究出哪些因素是限制农户从新型农村金融机构获得贷款的关键因素；通过对模型（2）和模型（3）回归结果的对比分析，即新型农村金融机构信贷可得性和信贷额度，可有效地探究出哪些因素是限制农户从新型农村金融机构获得贷款的关键因素。

本章对农户的新型农村金融机构贷款意愿、行为、服务满意度及其影响因素进行分析，从10个设立了新型农村金融机构的县（区）的1726户农户中，可以看出农户对新型农村金融机构的贷款意愿较为强烈，从表5-5中可以看出，有63户农户表示非常不愿意从新型农村金融机构贷款，占样本农户的3.65%，此部分农户大部分是因为对新型农村金融机构的信誉存在怀疑而拒绝了解新型农村金融机构；有402户农户表示不愿意从新型农村金融机构贷款，占样本农户的23.29%，此部分农户可能是因为自有资金充足或者可以从亲朋好友处获得资金；有293户农户表示对新型农村金融机构贷款政策和办理程序不了解，但并不拒绝从新型农村金融机构贷款，视当年家庭投入情况而定，为潜在的参与者，占样本农户的16.98%；有968户农户表示愿意和非常愿意从新型农村金融机构贷款，占样本农户的56.08%。从表5-5中可以看出，潜在的和愿意从新型农村金融机构贷款的农户有1261户，占样本农户的72.06%，说明农户从新型农村金融机构贷款的意愿较为强烈。但是，从实际设立新型农村金融机构区域的调研样本来看，做出申请并从新型农村金融机构获得贷款的农户仅为387户，仅占样本农户的22.42%。可见，农户对新型农村金融机构的贷款意愿与行为出现背离现象。通过对农户新型农村金融机构贷款意愿、行为影响因素的对比分析，发现农户贷款意愿和行为背离的主要因素是农户的家庭社会网络关系以及农户借贷经历。

表 5-5 农户对新型农村金融机构贷款意愿统计

单位：%

农户	非常不愿意	不愿意	一般	愿意	非常愿意	合计
户数	63	402	293	800	168	1726
占比	3.65	23.29	16.98	46.35	9.73	100

五 本章小结

本文以陕西省和宁夏回族自治区两省（区）10个设立了新型农村金融机构的县（区）1726户农户为研究样本，分别采用Ordered Logit模型和泊松门槛模型，对农户新型农村金融机构借贷意愿、信贷可得性、信贷额度和信贷满意度进行实证检验分析，主要有以下结论：（1）农户从新型农村金融机构贷款意愿较强，且对新型农村金融机构贷款服务满意度评价较高；（2）农户性别、经营类型、农户所拥有的总资产、对新型农村金融机构贷款政策的了解度、农户的贷款需求、区域金融机构的信誉和服务态度是影响农户对新型农村金融机构贷款意愿的主要因素；（3）农户性别、文化程度、经营类型、家庭所拥有资产总额、家庭社会网络关系、贷款经历、区域金融机构的信用评价是影响农户对新型农村金融机构信贷可得性的重要因素；（4）影响农户新型农村金融机构贷款额度的因素主要有农户的文化程度、农户所拥有的耕地面积和总资产；（5）农户所拥有资产总额和对新型农村金融机构了解度是影响农户新型农村金融机构贷款意愿、贷款额度和满意度的共同因素；农户性别、所经营耕地面积及对区域金融机构信誉的评价是影响农户新型农村金融机构贷款意愿、信贷可得性的共同因素；农户对区域金融机构服务态度的评价是影响农户新型农村金融机构贷款意愿和满意度的共同因素；（6）通过对比分析农户对新型农村金融机构贷款意愿、信贷可得性和贷款额度的影响因素，发现农户家庭社会网络关系及拥有资产总额是阻碍农户真正从新型农村金融机构获得贷款的关键因素，农户所拥有的耕地面积和资产总额是决定农户从新型农村金融机构获得贷款额度的关键因素。同时，研究还发现，在运用泊松门栏模型进行估计时，同一组变量在补充双对数模型和截断泊松回归模型的估计结果中的影响程度、方向以及影响个数都存在差异，说明在本文的研究中农户能否从新型农村金融机构获得贷款比其获得贷款的额度更重要。

第六章
新型农村金融机构贷款对农户福利影响实证分析

第四章实证检验了新型农村金融机构可有效降低农户的信贷配给、提高农户信贷可得性，第五章分析了农户对新型农村金融机构的融资意愿、行为和满意度。那么，新型农村金融机构与传统农村金融机构关系如何？分别对农户的福利影响如何？本章利用 2015~2016 年采集的陕西和宁夏地区的 2946 户农户微观数据，首先，采用 Multivariate Probit 模型分析农户对不同农村金融机构融资选择关系及其影响因素；其次，采用处理效应模型（Treatment Effects Model）来分析新型农村金融机构和传统农村金融机构融资对农户福利效应的影响差异；最后，采用 QTE 模型进行农户福利水平的分位数处理效应回归分析。

一 新型农村金融机构贷款对农户福利影响理论分析

农村金融是"三农"事业发展的核心问题之一，我国政府高度关注，并一直致力于解决农村金融市场的发展问题。村镇银行已经成为服务"三农"和小微企业的中坚力量之一。中国银行业监督管理委员会公布的资料显示，截至 2016 年 6 月末，全国共组建村镇银行 1412 家，其中开业 1371 家，筹建 41 家。全国村镇银行资产总额10810亿元，较2015年末增加795亿元。村镇银行已经覆盖全国65.9%的县（市），其中有10省市实现县域全覆盖。大多数村镇银行分布在中西部地区，与国家政策相适应。监管层由此判断，村镇银行、贷款公司与农村资金互助社等新型金融机构的发展有力地改善了农村金融环境，减轻了农村金融失灵的程度，监管层将继续培育新型农村金融机构，为中西部、老少边穷和小微企业集中地区提供金融支持。

上述农村金融政策的指向是1978年以来增加金融供给克服农村金融"市场失灵"基调的延续，也是发展经济学"通过增加金融供给实现经济增长"理论框架在中国农村地区的具体实施。然而，改革开放以来，中国农村金融市场一直存在商业性金融机构覆盖率低、金融供给不足、竞争不充分、信贷配给等问题（莫媛等，2012）。据统计，全国只有约32%的农户能够从商业性金融机构获得贷款（刘玲玲等，2010）。传统商业性金融机构面临的主要问题是借贷双方信息不对称、交易成本高，并且缺乏有效的贷后监督机制使得还贷合约实施困难（程恩江、刘西川，2010）。随着中国金融普惠程度的不断提高，传统商业性金融机构开始更多地关注农村金融市场，但是，从总体上看，传统商业性金融机构倾向于服务农村企业和农业大户，其贷款以短期、非信用贷款为主（杨虎锋等，2012）。此外，从传统商业性金融机构的服务对象来看，该类机构越来越倾向于收入高、可以提供抵押品的农户群体。大部分农户由于无法提供有效抵押品而长期受到商业性金融的信贷配给（何广文，2012）。因此，仅依靠传统商业性金融机构并不能有效改变中国农村金融市场上金融供给不足的现状。何广文（2012）进一步指出，合作金融机构相比于商业性金融机构有其明显的制度优势。一方面，合作金融机构可以克服借贷双方的信息不对称问题，在一定程度上消除借款人道德风险对借贷合约实施产生的不利影响；另一方面，为了降低贷款风险，商业性金融机构在发放贷款的过程中，会提高对借款人的抵押担保要求，而合作金融机构凭借社员间的人缘、地缘和业缘关系对借款人进行监督，既降低了借款人的违约风险，又降低了贷款合约对借款人的抵押担保要求。此外，洪正（2011）通过建立借款人的道德风险模型，证明农民资金互助社利用社员之间的相互监督，可显著地改善借款人的融资条件。并且，当资金互助社的社员同时又是农民专业合作社等农村经济组织的成员时，其对借款人融资条件的改善效果将更加明显。

然而，随着新型农村金融机构的不断发展，新型农村金融机构的设立与改善农户的福利切身相关，新型农村金融机构设立的农村金融增量改革对农户福利变化的影响究竟如何，能否真正促进农民增收、提高农民生活水平尤为重要。对于此方面的研究学者们主要集中在农户借贷对其福利影响方面，而且学术界并未得出较为一致的结论。部分学者认为农户借贷对农户福利增长并无益处。Crepon et al.（2014）通过对摩纳哥借贷农户的分析，发现借贷可以使农业、畜牧业等家庭农业经营收入增加，但是外出务工打零工的收入减少，所以贷款并不能增加借贷户的总体收入。Angelucci 等（2015）运用墨西哥康帕图银行的借贷户数据，分析发现扩展信贷供给对家庭总收入、经营活动收入、打工收入以及消费支出均没有明显影响。Duff et al.（2013）通过分析印度小额贷款户，发现获得小额信贷成员的消费水平并没有显著提高。许崇正等（2005）通过测算中国统计年鉴数据，发现信贷投资对农民增收支持不力，其对农户人均收入的影响并不显著。黄祖辉等（2009）的研究结果也论证了在忽视信贷需求的情况下，单纯增加信贷供给无益于促进农户福利增长。王文成等（2012）运用分位数回归模型对不同收入水平的农户进行分析，发现借贷资金仅对中等收入水平农户的收入存在显著的正作用，其对低收入水平农户和高收入水平农户的收入促进作用并不明显。杜金向等（2013）采用多元线性回归从农户视角分析了信贷投入与农民人均纯收入的关系，发现中、西部地区的借贷对农户的收入效应为负，而对东部地区农户的收入存在显著的促进作用。

但是，有部分学者认为借贷提升了农户的福利水平。Pitt et al.（1998）利用复杂的动态模型分析了孟加拉国小额信贷对农户的影响，研究发现获得小额信贷的男性使家庭消费支出增加11%，而获得小额贷款的妇女使家庭消费支出增加18%，另外，小额信贷对贫困农户的影响较大。Crepon et al.（2014）认为不同经营主体的经营活动受到小额信贷的影响存在差异，对于农户而言，尤其是一直从事农业生产活动的农户而言，获得小额信贷会使农户农产品的销售量和支出显著扩大，其农业收入和支出也得以提升。李锐等（2004）运用农户的微观数据，分析发现农户的借贷行为显著提升了其福利水平。褚保金等（2009）、李长生等（2015）和李庆海等（2016）分别从信贷配给和约束的视角，分析信贷对农户收入水平的影响，研究发现信贷配给和约束对其收入有显著负向影响，对于受到信贷配给和约束的农户而言，随着其贷款的增加其收入水平也会增加。尹学群等（2011）采用2000~2008年的面板数据，分析农户信贷行为对农村居民消费和经济增长的影响，研究发现农户的农业生产性信贷会显著提升农户的收入和消费支出水平，并对农村经济增长有较显著的促进作用。刘辉煌等（2014）采用多值处理效应模型，针对农户的不同借贷状况，分析借贷对农户收入的影响，研究发现银行贷款和民间借款对农户的收入效应基本一致，即均对提高农户的收入水平有明显的促进作用。曹瓅等（2014）基于陕西和宁夏的农户调研数据，采用Tobit回归模型，分析农户的农地抵押融资借贷对其福利的影响，研究发现产权抵押贷款的获得显著促进了农户的家庭年总收入、非农收入、生活消费和生产性支出，农户家庭福利水平得到了显著提高。仲志源（2016）运用 VAR 模型实证分析了农户福利水平变化，结果表明农业贷款使农户福利水平得到了显著的提高。

综观已有研究成果，存在以下不足：(1) 新型农村金融机构作为新生事物，目前国内对其的研究多着眼于新型农村金融机构自身的运行状况，而对新型农村金融机构设立与传统农村金融机构金融关系的研究甚少；(2) 已有研究对农户借贷福利的研究目前存在较大分歧，对借贷是否能促进农户福利提升呈现两种截然不同的观点，专门针对新型农村金融机构对农户福利影响的研究甚少；(3) 对于农户福利的界定与测量，部分学者只考虑农户的收入（Crepon et al.，2014；刘辉煌，2014；李长生等，2015），而收入提高只能反映农户福利提高的一个方面，只有收入和支出都提高了，才能更好地反映福利提高。所以不仅应该估计其对收入的影响，也分析其对支出的影响；(4) 已有研究对福利函数形式的设定以及计量方法的不同导致研究结论差异较大，特别是不可观测的异质性因素可能同时影响农户新型农村金融机构覆盖和农户福利，这就需要消除估计中的内生性问题，如果不能合理地加以控制，将导致实证分析结果的有偏性。鉴于此，在现有研究基础上，本章利用 2015~2016 年采集的陕西和宁夏地区的农户微观数据，首先采用 Multivariate Probit 模型分析农户从不同农村金融机构融资选择关系及其影响因素，其次采用处理效应模型（Treatment Effect Model）来分析新型农村金融机构和传统农村金融机构的融资对农户福利效应的影响差异，最后采用分位数处理效应模型（Quantile Treatment Effect Model，简称 QTE 模型）进一步估计出新型农村金融机构融资的分位数影响。作为金融活动的参与主体，农户的选择参与是落实发展正规融资方式的前提基础，因此，立足于农户视角对不同金融机构的融资选择及其对农户福利影响的研究，对评判新型农村金融机构融资方式运行效果，继而指导完善其贷款政策具有现实意义。

本章之所以选择处理效应模型进行农户的融资福利效应分析，主要是因为该方法有以下几方面的优点：(1) 它在处理内生性问题时，同时考虑了可观测因素和不可观测因素；(2) 它可以直接估计新型农村金融机构融资对农户福利的影响；(3) 它可以采用分位数处理效应模型进一步估计出新型农村金融机构融资的分位数影响，从而更好地理解新型农村金融机构的融资对农户福利效应的影响。

二 新型农村金融机构贷款对农户福利影响模型设定

(一) 新型农村金融机构贷款对农户福利影响模型构建

本文的研究目的是在分析农户正规融资渠道（新型农村金融机构和传统农村金融机构）和民间融资方式的影响因素基础上，分析不同融资方式对农户福利的影响。在分析农户正规融资渠道（新型农村金融机构和传统农村金融机构）和民间融资方式的影响因素方面，通常可以利用三个简单的二元离散模型进行分析，如果对这三个被解释变量分别进行二元 Probit 或者二元 Logit 建模，虽然结果依然为一致估计，但是可能会损失估计效率，因为在实际中，农户从正规融资渠道融资和非正规融资通常是相关的，即这几个简单二元离散方程的扰动项之间可能相关。因此，本文采用 Multivariate Probit 模型分析农户正规融资渠道和非正规融资渠道的关系及其影响因素。

本文假设农户选择从正规（新型农村金融机构和传统农村金融机构）或者非正规金融机构融资的效用为 U_P^*，农户选择不从正规（新型农村金融机构和传统农村金融机构）或者非正规金融机构融资的效用为 U_N^*。农户通过比较这两种效用的大小，来做出参与决策。如果 $U^* = U_P^* - U_N^* > 0$，农户将选择参与融资活动，然而，这些效用是主观的并无法观测到的，而农户是否参与融资可以用可观测变量表示出来。具体的模型如下：

$$U^* = Z_{ij}\alpha + \varepsilon_{ij}, \ R_{ij} = 1(Z_{ij}\alpha + \varepsilon_{ij}) = \begin{cases} 1, & U^* > 0 \\ 0, & \text{其他} \end{cases} \quad (6-1)$$

式（6-1）中，$i = 1, 2, \cdots, n$，表示不同的农户受访者个体；$j = 1, 2, 3, 4$，分别表示农户从正规金融机构融资、新型农村金融机构融资、传统农村金融机构融资以及民间融资；$1(\cdot)$ 为示性函数（Indicator Function），R_{ij} 是一个二元变量，表示第 i 个农户是否参与融资，如：$R_{i1} = 1$ 表示农户 i 参与正规金融融资，$R_{i1} = 0$ 表示农户 i 未参与正规金融融资；Z_{ij} 表示影响农户从正规金融机构融资、新型农村金融机构融资、传统农村金融机构融资以及民间融资的主要因素。

为了考察农户参与融资行为对其福利效果的影响，传统上一般采用普通最小二乘法（OLS）进行估计。在经典 Mincer 收入方程的基础上，考虑了农户个体以及家庭特征等因素对其收入和支出的影响，并参考刘辉煌等（2014）、曹瓅等（2014）的相关研究，设定农户家庭收入和支出决定方程为：

$$Y_{ij} = \beta_{0j} + \beta_{1j}R_{ij} + \beta_{2j}X_{ij} + \mu_{ij} \quad (6-2)$$

式（6-2）中，Y_{ij} 为结果变量，表示第 i 个农户家庭的人均收入或者支出（本研究拟用农户家庭年人均收入、农业收入、非农业收入、家庭年人均支出、生活消费支出、生产性支出反映农户家庭福利变化情况）；X_{ij} 表示影响农户收入和支出的影响因素，其中包括受访农户的个体特征变量以及农户家庭特征变量；β_{0k}（$k = 0, 1, 2, \cdots$）表示待估计的回归系数向量。

另外，上述模型必须在 $\text{cov}(\mu_{ij}, R_{ij}) = 0$（即农户参与融资决策是严格外生）的条件下才能得到有效无偏的估计量，而且式

(6-2) 中的回归系数 R_{ij} 对所有参与融资的农户都是一样的。然而,是否从相应机构进行融资是农户个体自愿选择的结果,不可观测因素例如农户风险偏好、对农村融资政策认知、对金融机构的信任程度等因素会造成选择性偏误,显而易见,这些不可观测因素(即随机扰动项)也可能因不同的家庭与个人而异。OLS 回归中参与融资变量视为外生变量,然而,不可观测因素可能导致 R_{ij} 是一个内生变量,OLS 方法对农户参与融资实施效果的估计都是有偏的。

已有的文献多借用 Propensity Score Matching(PSM)方法解决自选择问题带来的估计偏误问题。然而,PSM 在解决自选择问题带来的偏误问题时只考虑了可观测因素。解决因不可观测变量选择问题的方法是借助 Heckman(1979)样本选择模型的传统,对处理变量 R_{ij} 直接进行结构建模,基于此,Maddala 提出了处理效应模型(Treatment Effects Model),本文将采用处理效应模型分析农户参与融资对其福利的影响。

(二)新型农村金融机构贷款对农户福利影响估计方法

本文使用 Multivariate Probit 模型估计方程(6-3),方程(6-3)的扰动项(ε_{i1},ε_{i2},ε_{i3},ε_{i4})服从四维联合正态分布,期望和方差分别为 0 和 1,相关系数为 ρ,即

$$\begin{pmatrix} \varepsilon_{i1} \\ \varepsilon_{i2} \\ \varepsilon_{i3} \\ \varepsilon_{i4} \end{pmatrix} \sim N \left\{ \begin{pmatrix} 0 \\ 0 \\ 0 \\ 0 \end{pmatrix}, \begin{bmatrix} 1 & \rho_{21} & \rho_{31} & \rho_{41} \\ \rho_{21} & 1 & \rho_{32} & \rho_{42} \\ \rho_{31} & \rho_{32} & 1 & \rho_{43} \\ \rho_{41} & \rho_{42} & \rho_{43} & 1 \end{bmatrix} \right\} \quad (6-3)$$

式(6-3)中,ρ_{ij} 表示四种融资方式中四个方程随机扰动项的相关系数,若 $\rho_{ij}=0$,则此模型相当于四个单独的 Probit 模型;若 $\rho_{ij}\neq 0$,则说明应采用 Multivariate Probit 模型进行估计。若 $\rho_{ij}>$

0，则表明农户不同类型融资渠道之间呈现互补的关系；若 $\rho_{ij} < 0$，则表明农户不同类型融资渠道之间呈现替代关系。

在分析借贷对农户福利效应影响时，将使用处理效应模型（Treatment Effects Model）同时估计方程（6-1）和方程（6-2）。在估计方程（6-1）和方程（6-2）中，Z_{ij} 和 X_{ij} 的变量可以有重叠，但是 Z_{ij} 中必须至少有一个变量不在 X_{ij} 中，假设这个变量为 z_{1j}，则假设 $\text{cov}(\mu_{ij}, z_{1j}) = 0$，即 z_{1j} 不直接影响结果变量 Y_{ij}（农户的收入或者支出），而是通过决策变量 R_{ij} 间接的影响 Y_{ij}，所以，可以将 z_{1j} 看作 R_{ij} 的工具变量。在处理效应模型估计中，假设方程（6-1）的残差和方程（6-2）的残差服从二维正态分布：

$$\begin{pmatrix} \mu_{ij} \\ \varepsilon_{ij} \end{pmatrix} \sim N\left[\begin{pmatrix} 0 \\ 0 \end{pmatrix}, \begin{pmatrix} \sigma_{\mu\varepsilon}^2 & \rho_{\mu\varepsilon}\sigma_{\mu\varepsilon} \\ \rho_{\mu\varepsilon}\sigma_{\mu\varepsilon} & 1 \end{pmatrix} \right] \quad (6-4)$$

其中，$\sigma_{\mu\varepsilon}$ 是两个残差（μ_{ij}，ε_{ij}）的协方差；$\rho_{\mu\varepsilon}$ 是两个残差（μ_{ij}，ε_{ij}）的相关性系数，μ_{ij} 的方差标准化为 1（因为 μ_{ij} 是 Probit 模型的扰动项）。如果 $\rho_{\mu\varepsilon} = 0$，则模型存在内生性，可以直接使用 OLS 对方程（6-1）进行估计。如果 $\rho_{\mu\varepsilon} \neq 0$，则正是内生性存在的来源。

对于融资参与农户而言，Y_{ij} 的条件期望方程[1]如下：

$$\begin{aligned} E(Y_{ij} \mid R_{ij}=1, X_{ij}, Z_{ij}) &= \beta_{0j} + \beta_{1j} + \beta_{2j}X_{ij} + E(\mu_{ij} \mid R_{ij}=1, X_{ij}, Z_{ij}) \\ &= \beta_{0j} + \beta_{1j} + \beta_{2j}X_{ij} + E(\mu_{ij} \mid z'_{ij}\alpha + \varepsilon_{ij} > 0, X_{ij}, Z_{ij}) \\ &= \beta_{0j} + \beta_{1j} + \beta_{2j}X_{ij} + E(\mu_{ij} \mid \varepsilon_{ij} > -z'_{ij}\alpha, X_{ij}, Z_{ij}) \\ &= \beta_{0j} + \beta_{1j} + \beta_{2j}X_{ij} + \rho_{\mu\varepsilon}\sigma_{\mu\varepsilon}\lambda(-z'_{ij}\alpha) \quad (6-5) \end{aligned}$$

式（6-5）中，$\lambda(\cdot)$ 为反米尔斯函数，$\lambda(a) \equiv \dfrac{\phi(a)}{1-\Phi(a)}$；类似，对于未参与融资的农户而言，其条件期望方程为：

---

[1] 式（6-4）中推导的最后一步，用了偶然断尾的条件期望公式，详见陈强《高级计量经济学及 Stata 应用（第二版）》，第 236 页。

$$\begin{aligned}
E(Y_{ij} \mid R_{ij}=0, X_{ij}, Z_{ij}) &= \beta_{0j} + \beta_{2j} X_{ij} + E(\mu_{ij} \mid R_{ij}=0, X_{ij}, Z_{ij}) \\
&= \beta_{0j} + \beta_{2j} X_{ij} + E(\mu_{ij} \mid z'_{ij}\alpha + \varepsilon_{ij} \leq 0, X_{ij}, Z_{ij}) \\
&= \beta_{0j} + \beta_{2j} X_{ij} + E(\mu_{ij} \mid \varepsilon_{ij} \leq -z'_{ij}\alpha, X_{ij}, Z_{ij}) \\
&= \beta_{0j} + \beta_{2j} X_{ij} - \rho_{\mu\varepsilon} \sigma_{\mu\varepsilon} \lambda(z'_{ij}\alpha) \quad (6-6)
\end{aligned}$$

将式（6-5）减去式（6-6），可以得到参与农户和未参与农户的条件期望之差为：

$$\begin{aligned}
& E(Y_{ij} \mid R_{ij}=1, X_{ij}, Z_{ij}) - E(Y_{ij} \mid R_{ij}=0, X_{ij}, Z_{ij}) \\
&= \beta_{1j} + \rho_{\mu\varepsilon} \sigma_{\mu\varepsilon} [\lambda(-z'_{ij}\alpha) + \lambda(z'_{ij}\alpha)] \quad (6-7)
\end{aligned}$$

从式（6-7）中可以看出，若直接比较参与组农户和未参与组农户的平均收益 Y_i，将会把式子中 $\rho_{\mu\varepsilon}\sigma_{\mu\varepsilon}[\lambda(-z'_{ij}\alpha)+\lambda(z'_{ij}\alpha)]$ 部分遗漏掉，除非 $\rho_{\mu\varepsilon}=0$，否则会导致模型估计的不一致。为了避免此类情况出现，应该将参与组和未参与组放在一起进行回归。

假设农户 i 的风险函数[①]如下：

$$\lambda_{ij} = \begin{cases} \lambda(-z'_{ij}\alpha) & \text{若 } R_{ij}=1 \\ -\lambda(z'_{ij}\alpha) & \text{若 } R_{ij}=0 \end{cases} \quad (6-8)$$

通过风险函数即可以将参与方程和未参与方程合并为方程：

$$E(Y_{ij} \mid X_{ij}, Z_{ij}) = \beta_{0j} + \beta_{1j} R_{ij} + \beta_{2j} X_{ij} + \rho_{\mu\varepsilon} \sigma_{\mu\varepsilon} \lambda_{ij} \quad (6-9)$$

在模型估计结果中，将使用更有效率的最大似然估计法（MLE）同时对模型所有参数进行估计，如果相关性系数值显著，说明不可以观测因素在同时影响农户的融资参与选择和人均收入或者支出，进一步说明使用处理效应模型来分析农户参与融资对收入或者支出的影响是比较合适的。因为处理效应模型在估计农户融资参与对收入的影响时，同时考虑了可观测因素和不可观测因素对其影响，避免了系数估计的偏误问题。如果相关系数为

---

① "风险函数" 也称为反米尔斯函数。

正，表明正向的选择性偏差，这说明高于平均人均收入的农户更愿意选择参与融资；如果相关系数为负，表明负向的选择性偏差，这说明低于平均人均收入的农户更愿意选择参与融资。

三 变量选择及样本描述

（一）变量选择

根据前文的分析，在模型方程（6-2）中 Y_i 为结果变量，表示第 i 个农户福利，对于农户福利的衡量指标较多，在本文中选取农户家庭年人均收入、农业收入、非农收入、家庭年人均支出、生活消费支出、生产性支出来反映农户家庭福利变化情况，农户借款主要用于生活消费或者生产经营支出，而生活消费带来的消费满足和生产经营带来的收入增加都能提高农户的福利水平，所以，选取收入和支出指标作为福利的衡量变量是合适的；R_i 表示第 i 个农户是否参与融资（$R_i=1$，表示"已经参加融资"；$R_i=0$，表示"未参加融资"）；X_i 表示影响农户收入和支出的因素，其中包括受访农户的个体特征变量以及农户家庭特征变量；Z_i 表示可能影响农户参与决策但并不直接影响农户福利水平的特征，即本文所选工具变量，本文选择农户对相应的农村金融机构贷款政策了解度作为工具变量。变量的名称及定义和统计性描述见表6-1。

表6-1 变量说明及统计性描述

变量名称	定义和赋值	均值	标准差
因变量			
人均收入	借款当年家庭年人均收入对数	9.5087	1.0878
农业收入	借款当年家庭农业收入对数	8.7830	3.2346

续表

变量名称	定义和赋值	均值	标准差
因变量			
非农业收入	借款当年家庭非农业收入对数	8.7412	3.9947
人均支出	借款当年家庭年人均支出对数	9.1263	0.9818
生活消费支出	借款当年家庭生活消费支出对数[a]	9.8894	0.8139
生产性支出	借款当年家庭生活消费支出对数[b]	7.9268	3.2489
自变量			
性别	0=男，1=女	0.2597	0.4385
年龄	1=20~29岁，2=30~39岁，3=40~49岁，4=50~59岁，5=60岁以上	3.1640	1.1142
文化程度	1=文盲，2=小学，3=初中，4=高中，5=大专及以上	2.9090	0.8544
家庭人员数	家庭常住人员数（人）	4.3355	1.5065
耕地面积	土地经营面积对数	24.1336	76.5506
经营类型	1=纯农业，2=农业为主兼营其他，3=非农业为主兼营其他，4=非农业	2.4426	0.9241
总资产	房屋、土地、牲畜、农业设施、金融资产等资产综合值对数	12.6895	0.8983
社会关系	0=否，1=是	0.0838	0.2772
负债	1=0元，2=2000元以下，3=2001~5000元，4=5001~10000元，5=10001~20000元，6=20000元以上	2.7057	2.2802
贷款经历	0=否，1=是	0.5696	0.4952
交通便利度	1=非常不便利，2=不便利，3=一般，4=便利，5=非常便利	3.8462	0.6789
机构信誉	1=非常不好，2=不好，3=一般，4=好，5=非常好	3.8024	0.7492
服务态度	1=非常不好，2=不好，3=一般，4=好，5=非常好	3.8371	0.7425
新机构了解度	1=没听说过，2=听说过一点，3=一般，4=基本了解，5=非常了解	1.6570	0.9320

续表

变量名称	定义和赋值	均值	标准差
自变量			
传统农村金融机构了解度	1=没听说过，2=听说过一点，3=一般，4=基本了解，5=非常了解	4.1256	0.8794
民间融资了解度	1=没听说过，2=听说过一点，3=一般，4=基本了解，5=非常了解	2.0104	4.1567
新机构贷款	0=否，1=是	0.1313	0.3260
传统农村金融机构贷款	0=否，1=是	0.2286	0.4263
民间借贷	0=否，1=是	0.0821	0.2746

注：a 生活消费支出包括：衣服类支出、居住支出、建房、房屋修理、水电燃料、食品支出、家电等耐用品支出、交通费和通讯支出、教育文化娱乐支出、医疗保健支出和其他生活消费支出；b 生产性支出包括：购买种子费用、农机具购买或租用费、化肥、农药、地膜等费用、饲料费用和其他生产性支出。

（二）样本农户福利描述

为了对比分析从新型农村金融机构获得贷款农户与未从新型农村金融机构获得贷款农户福利的差异，本节运用 Stata12.0 对不同组农户进行核密度估计，得出不同农户组的经验分布图（核密度图）。农户家庭年人均收入、农业收入、非农收入、家庭年人均支出、生活消费支出、生产性支出指标和密度见图 6-1 至图 6-6。

图 6-1 估计了从新型农村金融机构获得贷款农户与未从新型农村金融机构获得贷款农户的年人均收入核密度。从图中可以看出，从新型农村金融机构获得贷款农户（实线条）的家庭年人均收入的对数值主要集中在 9 到 11 区间，未从新型农村金融机构获得贷款农户（虚线条）的家庭年人均收入的对数值主要集中在 8 到 10 区间。另外，对比分析从新型机构获得贷款农户与未从新型机构获得贷款农户的年人均收入核密度曲线，获得新机构贷款农户核密度曲线位于未获得新机构贷款农户的右侧，说明从整体

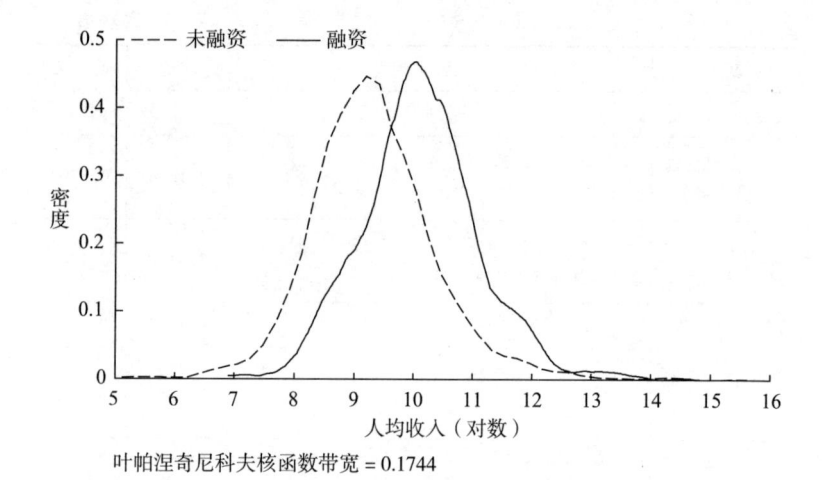

图 6-1　新机构融资农户与未融资农户年人均收入对比

而言，获得新机构贷款农户的家庭年人均收入明显高于未获得新机构贷款农户。

图 6-2 估计了从新型农村金融机构获得贷款农户与未从新型农村金融机构获得贷款农户的农业收入核密度。从图中可以看出，从新型农村金融机构获得贷款农户（实线条）的农业收入的对数值主要集中在 10 到 12 区间，未从新型农村金融机构获得贷

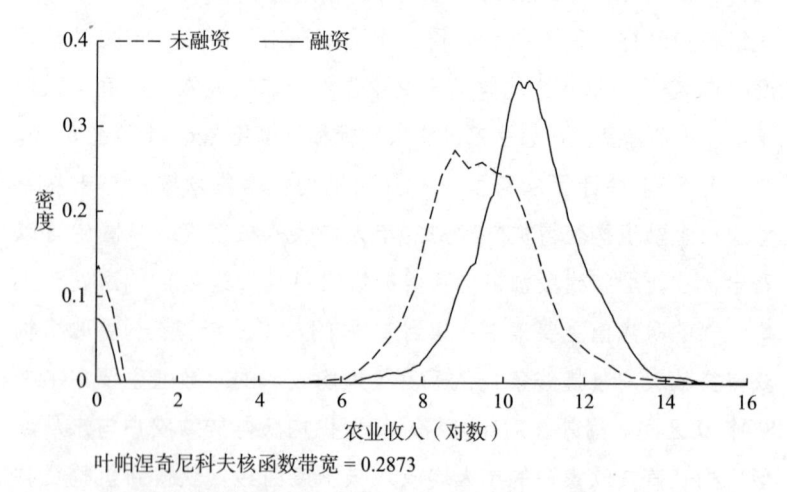

图 6-2　新机构融资农户与未融资农户农业收入对比

款农户（虚线条）的农业收入的对数值主要集中在8到10区间。另外，对比分析从新型机构获得贷款农户与未从新型机构获得贷款农户的农业收入核密度曲线，获得新机构贷款农户核密度曲线位于未获得新机构贷款农户的右侧，说明从整体而言，获得新机构贷款农户的农业收入明显高于未获得新机构贷款农户。

图6-3估计了从新型农村金融机构获得贷款农户与未从新型农村金融机构获得贷款农户的非农收入核密度。从图中可以看出，两组农户的非农收入的对数值均主要集中在10到12区间。另外，对比分析从新型机构获得贷款农户与未从新型机构获得贷款农户的非农业收入核密度曲线，虽然获得新机构贷款农户核密度曲线位于未获得新机构贷款农户的右侧，但是偏离的距离较近，说明从整体而言，获得新机构贷款农户的非农业收入略高于未获得新机构贷款农户。

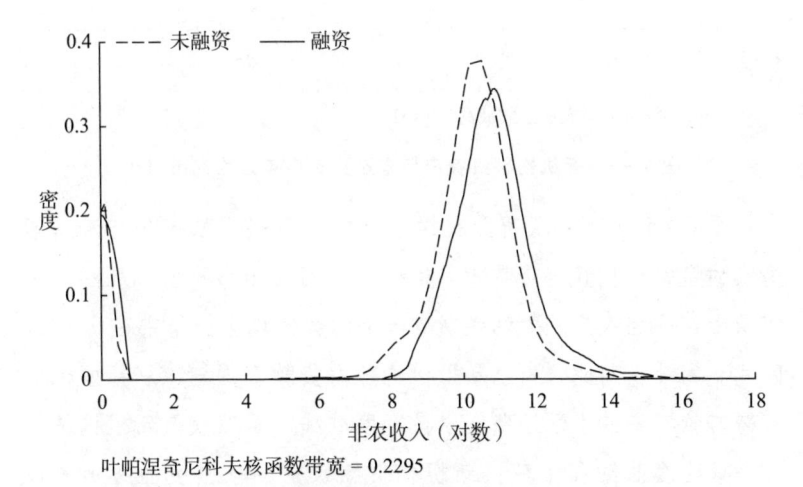

叶帕涅奇尼科夫核函数带宽 = 0.2295

图6-3　新机构融资农户与未融资农户非农收入对比

图6-4估计了从新型农村金融机构获得贷款农户与未从新型农村金融机构获得贷款农户的家庭年人均支出核密度。从图中可以看出，从新型农村金融机构获得贷款农户（实线条）的家庭年人均支出的对数值主要集中在9到11区间，未从新型农村金融

机构获得贷款农户（虚线条）的家庭年人均支出的对数值主要集中在 8 到 10 区间。另外，对比分析从新型机构获得贷款农户与未从新型机构获得贷款农户的家庭年人均支出核密度曲线，获得新机构贷款农户核密度曲线位于未获得新机构贷款农户的右侧，说明从整体而言，获得新机构贷款农户的家庭年人均支出明显高于未获得新机构贷款农户。

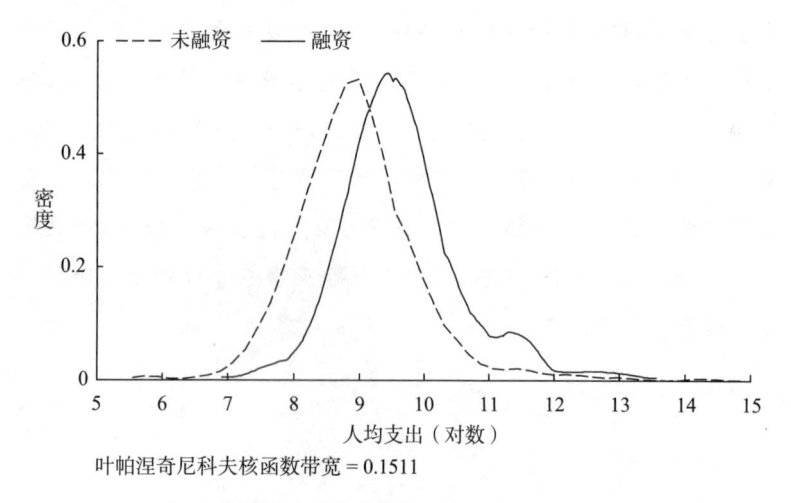

图 6-4　新机构融资农户与未融资农户年人均支出对比

图 6-5 估计了从新型农村金融机构获得贷款农户与未从新型农村金融机构获得贷款农户的生活消费支出核密度。从图中可以看出，两组农户的生活消费支出的对数值均主要集中在 9 到 11 区间。另外，对比分析从新型机构获得贷款农户与未从新型机构获得贷款农户的生活消费支出核密度曲线，虽然获得新机构贷款农户核密度曲线和未获得新机构贷款农户的核密度曲线距离较近，说明从整体而言，获得新机构贷款农户的生活消费支出与未获得新机构贷款农户基本一致。

图 6-6 估计了从新型农村金融机构获得贷款农户与未从新型农村金融机构获得贷款农户的生产性支出核密度。从图中可以看出，从新型农村金融机构获得贷款农户（实线条）的生产性支

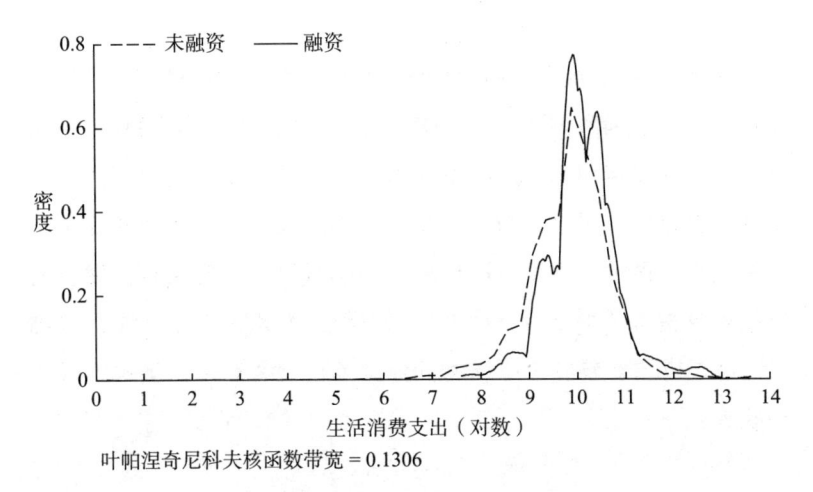

叶帕涅奇尼科夫核函数带宽=0.1306

图6-5　新机构融资农户与未融资农户生活消费支出对比

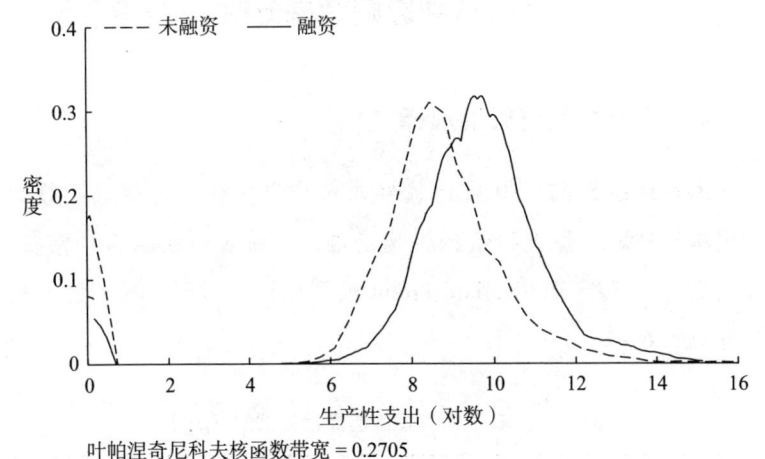

叶帕涅奇尼科夫核函数带宽=0.2705

图6-6　新机构融资农户与未融资农户生产性支出对比

出的对数值主要集中在8到12区间，未从新型农村金融机构获得贷款农户（虚线条）的生产性支出的对数值主要集中在6到10区间。另外，对比分析从新型机构获得贷款农户与未从新型机构获得贷款农户的生产性支出核密度曲线，获得新机构贷款农户核密度曲线位于未获得新机构贷款农户的右侧，说明从整体而言，获得新机构贷款农户的生产性支出明显高于未获得新机构贷款农户。

综合图 6-1 至图 6-6 可以看出，获得新型农村金融机构贷款的农户组的福利高于未获得新型农村金融机构贷款的农户组，其中农户家庭年均收入、农业收入、农户家庭年均支出、生产性支出的差距较为明显，而农户家庭非农业收入、生活消费支出的差距较小。通过核密度估计，可以初步看出，新型农村金融机构贷款可以提高农户的福利水平，但是这仅仅是描述性统计的结果，并未考虑影响农户福利的其他因素，需要运用计量模型进一步验证。

四 新型农村金融机构贷款对农户福利影响结果分析

（一）农户融资渠道选择

本章运用 Stata12.0 统计软件对农户借贷渠道选择（正规金融机构借贷、新型农村金融机构借贷、传统农村金融机构借贷、民间借贷）进行 Multivariate Probit 模型估计，回归方程的协方差矩阵见表 6-2。

表 6-2 农户借贷渠道选择相关系数（$\rho_{\delta\varepsilon}$）

借贷渠道	正规机构借贷	新机构借贷	传统农村机构借贷	民间借贷
正规机构借贷	—	—	—	—
新机构借贷	0.630***	—	—	—
	(0.0533)			
传统农村机构借贷	0.667***	-0.0807*	—	—
	(0.0449)	(0.0462)		
民间借贷	0.998***	0.312***	0.264***	—
	(0.0680)	(0.0503)	(0.0406)	

续表

借贷渠道	正规机构借贷	新机构借贷	传统农村机构借贷	民间借贷
Wald 检验($\rho_{\delta\varepsilon}=0$)		chi2(6) = 1132.71 Prob > chi2 = 0.0000		

注：*、**、*** 分别表示在 10%、5%、1% 的水平上显著；括号内数值为各系数的标准误；模型结果均为稳健回归结果。

表 6-2 中的数据显示，模型卡方值等于 1132.71，且通过了 1% 水平的显著性检验，表明各方程随机扰动项之间存在相关性，即农户在不同借贷渠道选择之间存在相互影响，故选取 Multivariate Probit 模型是合适的。在协方差矩阵中，有 5 个协方差通过了 1% 水平的显著性检验，有 1 个协方差通过了 10% 水平的显著性检验，这意味着农户在选择某一种融资渠道受到选择其他融资渠道的影响。

根据 Multivariate Probit 模型回归结果分析，若农户不同借贷渠道选择相关系数（$\rho_{\delta\varepsilon}$）为正，则表示这两种借贷渠道间存在互补效应；若农户不同借贷渠道选择相关系数（$\rho_{\delta\varepsilon}$）为负，则表示这两种借贷渠道间存在替代效应。从农户借贷渠道选择相关系数（$\rho_{\delta\varepsilon}$）表可以看出：(1) 农户在选择从新型农村金融机构贷款和选择从传统农村金融机构贷款之间存在显著替代效应。这表明随着新型农村金融机构试点的不断推进，其在贷款业务上对传统农村金融机构贷款业务有一定的替代效果，新型农村金融机构一方面凭借其政策优势得到当地金融机构的大力推广，另一方面通过实现与当地农民一对一的服务，在一定程度上提高了农户贷款可得率（第五章新型农村金融机构、信贷配给与信贷可得性分析已得以验证），并在一定程度上降低融资成本，故而得到农户的积极响应，因此对传统农村金融机构融资具有一定替代作用。(2) 农户在选择正规农村金融机构（新型农村金融机构、传统农村金融机构）融资与选择民间借贷之间存在显著互补效应。换言之，即农户在选择正规农村金融机构（新型农村金融机构、传统农村金融机构）融资的同时也会选择民间借贷。这可能是由于正规农村金融机构贷款一般审批额度较小，不能完全满足农户生产经营的资金需求，需要农户借助其他融资方式予以补充。

（二）不同融资渠道选择影响因素分析

农户融资方式选择影响因素的 Multivariate Probit 模型稳健回归结果见表6-3。总体来看，模型拟合程度较好。

表6-3 不同融资渠道选择影响因素回归结果

变量	模型（1）正规机构借贷	模型（2）新机构借贷	模型（3）传统机构借贷	模型（4）民间借贷
性别	-0.137*	-0.247**	-0.112	-0.0587
	(0.0719)	(0.0969)	(0.0828)	(0.0880)
年龄	-0.0891***	-0.110***	-0.0933***	-0.0428
	(0.0290)	(0.0363)	(0.0320)	(0.0379)
文化程度	-0.113***	-0.174***	-0.0832**	-0.0155
	(0.0368)	(0.0469)	(0.0417)	(0.0451)
家庭人员数	0.0149	0.0301	-0.0154	0.0656**
	(0.0181)	(0.0235)	(0.0204)	(0.0257)
耕地面积	0.0005	0.0001	-0.0001	0.0014
	(0.0004)	(0.0004)	(0.0004)	(0.0009)
经营类型	-0.105***	-0.137***	0.0232	-0.0833*
	(0.0350)	(0.0429)	(0.0396)	(0.0457)
总资产	0.0629*	0.0587	0.162***	-0.175***
	(0.0357)	(0.0388)	(0.0399)	(0.0452)
社会关系	0.00731*	0.0573***	0.0124*	-0.0426***
	(0.0120)	(0.0169)	(0.0135)	(0.0114)
贷款经历	1.719***	1.130***	0.907***	1.627***
	(0.0865)	(0.107)	(0.0978)	(0.137)

续表

变量	模型（1） 正规机构借贷	模型（2） 新机构借贷	模型（3） 传统机构借贷	模型（4） 民间借贷
服务态度	0.00828 (0.0440)	-0.00563 (0.0542)	0.137*** (0.0498)	-0.0659 (0.0515)
机构了解度	0.284*** (0.0259)	0.521*** (0.0320)	0.0533*** (0.0327)	0.00425 (0.0386)
贷款需求	0.0142 (0.0934)	0.217* (0.121)	0.330*** (0.120)	-0.276** (0.111)
常数项	-3.414*** (0.533)	-4.496*** (0.623)	-4.935*** (0.597)	0.629 (0.658)
Wald 检验	\multicolumn{4}{c}{Wald chi2(48) = 1987.22*** Log pseudolikelihood = -2819.8299}
样本量	2946	2946	2946	2946

注：*、**、*** 分别表示在 10%、5%、1% 的水平上显著；括号内数值为各系数的标准误；模型结果均为稳健回归结果。

(1) 农户个人特征因素

性别对农户各种融资渠道均有负的影响，只是对正规金融机构融资和新型农村金融机构融资的影响较为显著，即男性更可能从新型农村金融机构贷款。可能的原因是从农村社会结构层面来看，男性作为农村地区农业生产的主力，也同时是绝大多数农村家庭的经济支柱，在交际、受教育机会上比女性更具有优势，较为开放，对新鲜事物的认知和接收能力较强，而新型农村金融机构作为一种新机构，男性参与的可能性更大。除了民间融资外，年龄和文化程度对农户各种融资渠道选择影响均显著为负，即年龄越大、文化程度越高的农户更不愿意进行融资参与。这可能是由于一般而言，随着农户文化水平的提高，相应的素质和修养也相对较高，对银行和信贷等的认识也比较深入，获得贷款的可能性较大。但是，对于大多数农户而言，文化程度对其收入具有正向影响，缓解家庭资金流动性约束，进而降低其借贷的需求，从调研的实际情况来看，高文化程度的农户多倾向于外出务工，对于新型农村金融机构及各种农业贷款方面的信息和政策了解不够，所以参与意愿相对较弱。

（2）农户家庭特征因素

家庭人员数只对民间借贷产生正的显著影响，对其他渠道融资影响不显著，可能的原因是在农村家庭人员数越多，家庭生活所需要的总开支也比较大，而正规农村金融机构的借贷更多的是选择投入到生产经营支出的农户，而非生活消费支出农户，所以此类农户只能通过民间融资来满足家庭生活开支。农户经营类型不论对正规金融机构融资还是民间融资选择的影响均显著为负。一般而言，兼业程度越高（非农收入比例越大）的农户，一年中有较长一段时间在城市打工或者做生意，其对农业贷款政策的了解受限，进而融资参与意愿较弱。相比而言，纯农户在其他收入有限的条件下，更为积极地响应涉农融资。是否经营畜牧业对正规金融机构融资的选择均显著为正，而对民间融资的影响显著为负。农户的贷款经历对农户的融资行为均显著正相关，信贷经历有助于农户形成对信贷的正确预期，使其产生对信贷的需求，并且金融机构可以通过农户信贷经历来对农户信誉进行评价，而在前期调研中发现农户几乎不存在主动违约的现象，所以良好的信贷经历大大增加了农户获得融资的可能性。

（3）社会资本因素

农户家庭总资产对农户的传统农村金融机构融资的选择显著为正，对民间融资的影响显著为负，而对新型农村金融机构融资选择影响不显著。农户社会关系对正规金融机构融资的选择均显著为正，而对民间融资的影响显著为负。说明有社会关系的农户更容易获得正规金融机构的贷款，所以更加倾向于从正规金融机构获得经营所需资金，而不倾向选择融资成本较高民间融资来满足资金需求。

(4) 农户认知因素

农户对新型农村金融机构、传统农村金融机构以及民间融资的认知对农户融资渠道选择均有正向影响，且均在1%的显著性水平下通过检验。农户对相应农村金融机构及其贷款政策越了解，对贷款申请办理手续、流程以及相关的优惠、注意事项等越熟悉，表明其潜在参与贷款的意愿越强烈，因此选择相应渠道融资的可能性越大。

(三) 基于处理效应模型的不同渠道融资对农户福利效应影响

本文运用Stata12.0对农户不同融资渠道选择（新型农村金融机构和传统农村金融机构）的收入和支出的处理效应模型进行估计，为了排除异方差对统计检验的影响，模型估计选择了报告稳健的标准差。根据模型的系数估计结果（见表6-4和表6-5），可以看出模型（5）至模型（16）中报告的相关系数（rho）似然比检验显示可以拒绝原假设"$H_0: \rho = 0$"，说明不可以观测因素在同时影响农户不同渠道融资选择决策和农户家庭收入或者支出（家庭人均收入、农业收入、人均支出、生产性支出），表明应该使用处理效应模型。因为处理效应模型在估计农户不同渠道融资选择对收入或者支出的影响时，同时考虑了可观测因素和不可观测因素对其的影响，避免了系数估计的偏误问题。同时，瓦尔德检验、极大似然比检验和卡方检验均拒绝模型无效的原假设，表明模型整体拟合度较好，可以用于实证分析。

从表6-4和表6-5中模型（5）至模型（16）可以看出农户参与融资（不论从新型农村金融机构融资还是从传统农村金融机构融资）对应的系数均为正，除了模型（9）和模型（10）以外，其他模型均通过了显著性检验，说明农户参与融资能显著提高农户的家庭人均收入、农业收入（刘辉煌等，2014）、家庭人均支出、生产性支出和生活消费支出（曹瓅等，2014），但是对非农收入的影响并不显著（Crepon et al.，2014）。因为对于长期从事农业生产经营的农户而言，参与贷款农户可以从农村金融机构获得更多信贷，促进了其经营活动，来扩大农业投入（如农业设施建设、蔬菜大棚、购买更多种羊、种牛等），进一步促进农产品的销售量和支出，使销售量有小幅上升；而农户通过增加机械、设施的投入，提升了农业生产效率，进一步增加了农户的农业收入；一般而言，随着农户收入水平的提升，农户应用于生产性投资的资金以及生活消费的支出也会提高，以提高家庭的生活品质；在农区，经营类型以农业为主的农户，随着农户农业生产投入的加大，对融资的需求及参与意愿更加强烈，参与农村金融机构融资的农户更多的是以经营农业为主，所以融资参与对农户非农收入的影响并不显著。从农地抵押贷款对农户福利的整体影响情况看，农户融资（不论从新型农村金融机构融资还是从传统农村金融机构融资）促进了农户家庭人均收入、农业收入的增长以及人均支出、生产性支出和生活消费支出的增加，提高了农户福利水平。

从数据结果来看，农户参与贷款的福利指标不同，其主要影响因素也不完全相同，存在着一定的差异。具体而言，从具有显著影响因素来看，户主性别对农户家庭人均收入、农业收入、非农收入、家庭人均支出以及生产性支出均有负向影响，且均在1%的显著性水平下通过显著性检验，这与曹瓅（2014）的研究结论一致；这可能是因为在农村，相对女性而言，男性需要承担更多家庭生计方面的压力，而且其为了提升家庭生活水平，致富意愿更为强烈，进而渴望有更多的外出就业机会。户主年龄对农户家庭农业收入、非农收入、人均支出、生活消费支出和生产性支出均有负向影响，且均在1%的显著性水平下通过检验，说明农户年龄越大，其思想更趋于保守，对新事物的认识和接受程度相对较低，越倾向于过勤俭节约的生活。农户文化程度对家庭人均收入的影响显著为正，而对农业收入的影响显著为负，对非农收入及支出的影响为正，但是不显著。说明随着农户文化程度的提高，农户更趋向于从事非农活动，农户的其他方面的收入在提高，而农业收入在降低。

表6-4 不同渠道融资对农户收入效应影响

因变量	人均收入		农业收入		非农业收入	
	模型（5）	模型（6）	模型（7）	模型（8）	模型（9）	模型（10）
变量	新机构	其他机构	新机构	其他机构	新机构	其他机构
性别	-0.218***	-0.239***	-0.367***	-0.445***	-0.519***	-0.568***
	(0.033)	(0.033)	(0.108)	(0.107)	(0.124)	(0.121)
年龄	-0.093***	-0.094***	-0.173***	-0.194***	-0.146***	-0.161***
	(0.014)	(0.014)	(0.047)	(0.048)	(0.051)	(0.051)
文化程度	0.053***	0.054***	-0.220***	-0.219***	0.007	0.007
	(0.019)	(0.019)	(0.059)	(0.059)	(0.065)	(0.065)
家庭人数	-0.183***	-0.187***	0.222***	0.204***	0.229***	0.217***
	(0.014)	(0.014)	(0.031)	(0.031)	(0.037)	(0.036)
耕地面积	0.004***	0.004***	0.004***	0.004***	-0.004***	-0.003***
	(0.000)	(0.000)	(0.001)	(0.001)	(0.001)	(0.001)
经营类型	0.250***	0.245***	-1.834***	-1.847***	2.876***	2.870***
	(0.018)	(0.018)	(0.068)	(0.069)	(0.079)	(0.079)
总资产	0.312***	0.322***	0.512***	0.555***	0.385***	0.416***
	(0.044)	(0.044)	(0.064)	(0.065)	(0.064)	(0.065)
社会关系	0.052***	0.056***	0.058***	0.070***	0.041*	0.048**
	(0.007)	(0.007)	(0.018)	(0.018)	(0.023)	(0.023)
负债水平	0.023***	0.027***	-0.033	-0.010	-0.007	0.008
	(0.008)	(0.007)	(0.022)	(0.022)	(0.027)	(0.026)
借贷经历	0.192***	0.210***	-0.063	0.107	0.200*	0.320***
	(0.035)	(0.035)	(0.107)	(0.104)	(0.121)	(0.119)

续表

因变量	人均收入		农业收入		非农业收入	
	模型(5)	模型(6)	模型(7)	模型(8)	模型(9)	模型(10)
变量	新机构	其他机构	新机构	其他机构	新机构	其他机构
地区变量	-0.254***	-0.239***	-0.618***	-0.501***	-0.585***	-0.518**
	(0.064)	(0.062)	(0.189)	(0.187)	(0.206)	(0.206)
融资参与	0.558***	1.023***	0.338***	0.725***	0.800	0.419
	(0.073)	(0.122)	(0.210)	(0.260)	(0.244)	(0.310)
_cons	5.096***	4.957***	6.290***	5.879***	-3.987***	-4.305***
	(0.557)	(0.557)	(0.884)	(0.899)	(0.865)	(0.885)
融资参与						
工具变量	0.607***	0.150***	0.608***	0.130***	0.608***	0.124***
	(0.024)	(0.022)	(0.024)	(0.023)	(0.024)	(0.022)
_cons	-2.315***	-1.537***	-2.321***	-1.497***	-2.319***	-1.482***
	(0.073)	(0.062)	(0.073)	(0.065)	(0.073)	(0.064)
相关系数	-0.311***	-0.500***	-0.187***	-0.159***	-0.110**	-0.124***
($\rho_{\delta\varepsilon}$)	(0.059)	(0.092)	(0.049)	(0.035)	(0.050)	(0.043)
$\ln(\sigma_{\delta\varepsilon})$	-0.231***	-0.206***	0.900***	0.905***	1.051***	1.053***
	(0.021)	(0.025)	(0.019)	(0.019)	(0.016)	(0.016)
N	2946	2946	2946	2946	2946	2946

注：*、**、***分别表示在10%、5%、1%的水平上显著；括号内数值为各系数的标准误；模型结果均为稳健回归结果。

家庭常住人口数对农户家庭人均收入和人均支出影响均为负，且均在1%的显著性水平下通过检验，而对于农业收入、非农的收入、生活消费支出和生产性支出均显著为正；在农村，对于绝大多数农户而言，农业收入是其收入的主要来源，而在农户家庭农地数量一定的情况下，随着家庭常住人口的增加，家庭人均收入则会相应减少，由此而导致的家庭人均支出也会相应减少；随着家庭常住人口的增加，为了基本的生活保障，家庭生活消费支出则会增加，农户会通过租赁方式租入土地，进行经济作物种植，或者进行畜牧养殖，进而增加其生产性支出，相应的农业收入也会增加；而家庭常住人口较多的农户则会有更多的人力资源，在农闲之余选择外出务工，进而提升其非农收入。土地经营规模对农户家庭年人均收入、农业收入、家庭人均支出、生活消费支出和生产性支出均有正向影响，且均在1%的显著性水平下通过检验，而对非农收入的影响显著为负；这表明在家庭人口一定的情况下，随着土地经营规模增加，农户家庭的生产性投入以及人力投入越高，其对农业生产效益的拉动作用也越强，越能促进农户家庭农业收入和年收入的增长，相应的外出务工的成员数就会减少，进而减少家庭非农收入。经营类型对农户家庭年人均收入、非农收入、人均支出、生活消费支出的影响显著为正，而对农业收入和生产性支出的影响显著为负，这与曹瓅（2014）研究结果一致，这表明在农户土地规模一定的情况下，农户家庭经营类型越偏向于非农业，农业生产性投入和农业收入则会相应减少，而其非农收入越高，非农经营下农户家庭的生活消费也相应增加，这与我们实地调研经验相符。家庭总资产对农户家庭的人均收入、农业收入、非农业收入、人均支出、生活消费支出以及生产性支出的影响均为正，且均在1%的显著性水平上通过检验，表明家庭总资产越高的农户，其家庭收入支出均较高，这可能是因为家庭房屋价值越高，其家庭经济积累越深厚，经济条件越优越，对生活消费和生产性支出的投入也越高，而生产性支出的投入也进一步促进了家庭收入的增长。

  家庭社会网络关系对农户家庭收入和支出的影响均为正，只是对人均收入、农业收入、人均支出和生活消费支出的影响较为显著，可能的解释是农户的家庭社会网络关系越多，则能更多更快地接触到新的致富信息和致富渠道，进而提高家庭收入，人情关系等方面的支出也会相应增加。农户负债水平对家庭农业收入

表 6-5 不同渠道融资对农户支出效应影响

因变量	人均支出		生活消费支出		生产性支出	
	模型(11)	模型(12)	模型(13)	模型(14)	模型(15)	模型(16)
变量	新机构	其他机构	新机构	其他机构	新机构	其他机构
性别	-0.114***	-0.123***	-0.069**	-0.072**	-0.349***	-0.398***
	(0.031)	(0.030)	(0.032)	(0.031)	(0.122)	(0.121)
年龄	-0.070***	-0.066***	-0.064***	-0.063***	-0.161***	-0.170***
	(0.013)	(0.013)	(0.014)	(0.014)	(0.051)	(0.051)
文化程度	0.027	0.028	0.031*	0.031*	-0.060	-0.058
	(0.017)	(0.017)	(0.017)	(0.017)	(0.068)	(0.069)
家庭人数	-0.191***	-0.192***	0.048***	0.048***	0.173***	0.164***
	(0.011)	(0.011)	(0.009)	(0.009)	(0.033)	(0.033)
耕地面积	0.003***	0.003***	0.001***	0.001***	0.004***	0.005***
	(0.000)	(0.000)	(0.000)	(0.000)	(0.001)	(0.001)
经营类型	0.093***	0.092***	0.171***	0.170***	-1.144***	-1.154***
	(0.016)	(0.016)	(0.016)	(0.016)	(0.071)	(0.071)
总资产	0.293***	0.298***	0.261***	0.262***	0.917***	0.938***
	(0.041)	(0.040)	(0.051)	(0.051)	(0.128)	(0.129)
社会关系	0.069***	0.070***	0.027***	0.027***	0.028	0.035*
	(0.006)	(0.006)	(0.005)	(0.005)	(0.020)	(0.020)
负债水平	0.050***	0.050***	0.031***	0.032***	0.015	0.027
	(0.007)	(0.007)	(0.007)	(0.007)	(0.025)	(0.024)
借贷经历	0.129***	0.120***	0.051	0.047	0.525***	0.602***
	(0.032)	(0.032)	(0.033)	(0.032)	(0.118)	(0.116)
地区变量	-0.024	-0.023	-0.100*	-0.099*	-0.236	-0.174
	(0.054)	(0.052)	(0.052)	(0.051)	(0.200)	(0.194)
融资参与	0.254***	0.946***	0.119*	0.504***	0.968***	1.246***
	(0.068)	(0.132)	(0.071)	(0.120)	(0.249)	(0.275)
_cons	5.249***	5.127***	5.702***	5.652***	-1.842	-2.085
	(0.523)	(0.507)	(0.630)	(0.624)	(1.637)	(1.648)

续表

因变量	人均支出		生活消费支出		生产性支出	
	模型(11)	模型(12)	模型(13)	模型(14)	模型(15)	模型(16)
变量	新机构	其他机构	新机构	其他机构	新机构	其他机构
融资参与工具变量	0.608***	0.128***	0.608***	0.125***	0.607***	0.127***
	(0.024)	(0.021)	(0.024)	(0.022)	(0.024)	(0.023)
_cons	-2.317***	-1.479***	-2.320***	-1.486***	-2.318***	-1.492***
	(0.073)	(0.061)	(0.073)	(0.063)	(0.073)	(0.065)
相关系数 ($\rho_{\delta\varepsilon}$)	-0.183***	-0.589***	-0.078	-0.298***	-0.132**	-0.184***
	(0.059)	(0.127)	(0.061)	(0.089)	(0.057)	(0.037)
Ln($\sigma_{\delta\varepsilon}$)	-0.338***	-0.292***	-0.331***	-0.317***	0.991***	0.996***
	(0.021)	(0.030)	(0.024)	(0.024)	(0.019)	(0.019)
N	2946	2946	2946	2946	2946	2946

注：*、**、*** 分别表示在 10%、5%、1% 的水平上显著；括号内数值为各系数的标准误；模型结果均为稳健回归结果。

的影响显著为负，而对家庭人均支出、生活消费支出以及生产性支出的影响显著为正。从前期调研可以看出，高负债水平农户的借款去向一般是近期家庭需要大的开支（如婚事、丧事、盖房等）和非农行业的投资，并未投入到农业生产，所以在家庭支出增加的同时农业收入则相应会减少。借贷经历对农户家庭人均收入、支出和生产性支出的影响显著为正，而对农业收入的影响显著为负，可能的原因是相比没有借贷经历的农户而言，有借贷经历的农户思想较为开放，也从侧面反映该部分农户有较好的投资项目，需要从金融机构贷款，以满足家庭的生产经营性支出，通过项目的收益来提升家庭的收入。从前期调研数据可以看出有贷款经历的农户致富思维比较活跃，更加倾向于寻求农业之外的致富途径，农业收入相对较少，而对于没有借贷经历的农户而言，相对比较保守，更倾向于做好农民本分的种养殖工作，相应的农业收入则较为稳定。在地区变量的控制方面，其对农户家庭年人均收入、农业收入的影响显著为负，而对非农业收入的影响显著为正，说明宁夏农户的人均收入和农业收入水平明显高于陕西农户，而陕西农户的非农收入明显高于宁夏。从前期的调研来看，宁夏农户的耕地面积普遍较大，且拥有较好的种植项目（例如宁夏大米和枸杞），而且宁夏农户还兼有养殖业，也可进一步提升农户的收入，而陕西农户的家庭人均耕地较少，更多的是兼业农户，农闲时间外出打工居多，所以非农收入也会相应增加；地区变量对农户家庭支出影响不显著，说明无论是宁夏还是陕西农户，其消费支出方面更倾向于简单的生活生产支出，并不存在显著的地区差异性。

（四）农户福利水平的分位数处理效应回归分析

在前一部分，虽然已采用处理效应模型估计出了新型农村金融机构融资对农户福利水平的影响，但是，还无法揭示新型农村金融机构融资的分位数影响，即其对处于不同福利水平的农户的影响是否存在差异。揭示新型农村金融机构融资的影响与农户福利水平的分布关系，无疑具有更加重要的政策含义，运用 QTE 模型可以达到这个研究目标。

本部分运用 QTE 模型对农户福利水平的分位数处理效应进行分析，相关结果参见表 6-6。简便起见，本文选取 5 个具有代表性的分位点，分别是 0.1、0.3、0.5、0.7 和 0.9。

表 6-6 农户福利水平的分位数处理效应回归结果

变量	分位数点				
	0.1	0.3	0.5	0.7	0.9
人均收入	0.333***	0.291***	0.174***	0.102**	0.048
	(0.081)	(0.048)	(0.052)	(0.048)	(0.067)

续表

变量	分位数点				
	0.1	0.3	0.5	0.7	0.9
农业收入	0.454**	0.539***	0.468***	0.337***	0.230***
	(0.187)	(0.073)	(0.077)	(0.075)	(0.079)
非农收入	-0.024	0.663***	0.305***	0.143**	0.122
	(0.059)	(0.177)	(0.086)	(0.067)	(0.089)
人均支出	0.152**	0.135***	0.114***	0.035	-0.056
	(0.075)	(0.043)	(0.030)	(0.046)	(0.112)
生活消费支出	0.055**	0.025*	-0.015	0.006	-0.019
	(0.074)	(0.048)	(0.034)	(0.026)	(0.064)
生产性支出	0.929***	0.450***	0.268***	0.133**	0.027
	(0.290)	(0.103)	(0.065)	(0.056)	(0.117)

注：*、**、***分别表示在10%、5%、1%的水平上显著；括号内数值为各系数的标准误；模型结果均为稳健回归结果。

对于人均收入方面，由表6-6可知，新型农村金融机构融资对农户人均收入的影响随着分位点的提高而不断减小，且其显著性水平不断降低。在10%分位点上，新型农村金融机构融资使得农户人均收入的对数提高0.333，且在1%的水平上显著；在30%分位点上，新型农村金融机构融资使得农户人均收入的对数提高0.291，且在1%的水平上显著；在50%分位点上，新型农村金融机构融资使得农户人均收入的对数提高0.174，且在1%的水平上显著；在70%分位点上，新型农村金融机构融资使得农户人均收入的对数提高0.102，且在5%的水平上显著；在90%分位点上，新型农村金融机构融资使得农户人均收入的对数提高0.048，但是影响并不显著。从表6-6可以看出，随着分位数的增加（10%，30%，50%，70%），新型农村金融机构融资对农户人均收入分位数回归系数呈现减小趋势（33.3%，29.1%，17.4%，10.2%），10%分位点上的系数是70%分位点上的3.26

倍（0.333/0.102）。这表明新型农村金融机构融资对人均收入较小的农户影响较大，随着农户收入水平的提高，新型农村金融机构融资对其家庭人均收入的影响逐渐降低，也就是说，新型农村金融机构融资对低收入者的收入效应较大，低收入农户从融资中受益最大。

对于家庭农业收入方面，新型农村金融机构融资对农户家庭农业收入的影响随着分位点的提高先增后减，且其显著性水平不断增加。在10%分位点上，新型农村金融机构融资使得农户家庭农业收入的对数值提高0.454，且在5%的水平上显著；在30%分位点上，新型农村金融机构融资使得农户家庭农业收入的对数值提高0.539，且在1%的水平上显著；在50%分位点上，新型农村金融机构融资使得农户家庭农业收入的对数值提高0.468，且在1%的水平上显著；在70%分位点上，新型农村金融机构融资使得农户家庭农业收入的对数提高0.337，且在1%的水平上显著；在90%分位点上，新型农村金融机构融资使得农户家庭农业收入的对数值提高0.230，且在1%的水平上显著。从表6-6可以看出，随着分位点的增加（10%，30%，50%，70%，90%），新型农村金融机构融资对农户家庭农业收入的分位数回归系数呈现先增后减趋势（45.4%，53.9%，46.8%，33.7%，23.0%），30%分位点上的系数是90%分位点上的2.34倍（0.539/0.230）。这表明新型农村金融机构融资对农户家庭农业收入的条件分布的两端之影响小于对其中间部分的影响，也就是说，新型农村金融机构融资对中低农业收入者的收入效应较大，中低农业收入农户从此融资中受益最大。

对于家庭非农业收入方面，新型农村金融机构融资对农户家庭非农业收入的影响随着分位点的提高不断减小，且其显著性水平不断降低。在10%分位点上，新型农村金融机构融资使得农户家庭非农业收入的对数值降低0.024，但是影响不显著；在30%

分位点上,新型农村金融机构融资使得农户家庭非农业收入的对数值提高0.663,且在1%的水平上显著;在50%分位点上,新型农村金融机构融资使得农户家庭非农业收入的对数值提高0.305,且在1%的水平上显著;在70%分位点上,新型农村金融机构融资使得农户家庭非农业收入的对数值提高0.143,且在5%的水平上显著;在90%分位点上,新型农村金融机构融资使得农户家庭非农业收入的对数值提高0.122,但是影响并不显著;随着分位数的增加(30%,50%,70%),新型农村金融机构融资对农户家庭非农业收入分位数回归系数呈现减小趋势(66.3%,30.5%,14.3%),30%分位点上的系数是70%分位点上的4.64倍(0.663/0.143)。这表明新型农村金融机构融资对家庭非农业收入处于中等水平的农户影响较为显著,在家庭非农业收入处于中等水平的农户中,随着农户家庭非农业收入水平的提高,新型农村金融机构融资对其非农业收入的影响逐渐降低,也就是说,新型农村金融机构融资对中低非农业收入农户的收入效应较大,从此融资中受益最大。

对于家庭人均支出方面,新型农村金融机构融资对农户人均支出的影响随着分位点的提高而不断减小。在10%分位点上,新型农村金融机构融资使得农户人均支出的对数提高0.152,且在5%的水平上显著;在30%分位点上,新型农村金融机构融资使得农户人均支出的对数值提高0.135,且在1%的水平上显著;在50%分位点上,新型农村金融机构融资使得农户人均收入的对数值提高0.114,且在1%的水平上显著;在70%分位点和90%分位点上,新型农村金融机构融资对农户人均支出的影响均不显著。从表6-6中可以看出,新型农村金融机构融资只对家庭人均支出较低的农户影响较为显著。随着分位数的增加(10%,30%,50%),新型农村金融机构融资对农户人均支出分位数回归系数呈现减小趋势(15.2%,13.5%,11.4%),10%分位点上的系数是50%分位点上的1.33倍（0.152/0.114）。这表明新型农村金融机构融资对家庭人均支出较小的农户影响较大，也就是说，新型农村金融机构融资对低人均支出家庭的支出效应较大。

对于家庭生活消费支出方面，新型农村金融机构融资对家庭生活消费支出的影响只在低生活消费和中低生活消费家庭中影响较为显著。在10%分位点上，新型农村金融机构融资使得农户家庭生活消费支出的对数值提高0.055，且在5%的水平上显著；在30%分位点上，新型农村金融机构融资使得农户家庭生活消费支出的对数值提高0.025，且在10%的水平上显著，10%分位点上的系数是30%分位点上的2.2倍（0.055/0.025）；在50%分位点、70%分位点和90%分位点上，新型农村金融机构融资对农户家庭生活消费支出的影响均不显著；这表明新型农村金融机构融资对家庭生活消费支出较小的农户影响较大，也就是说，新型农村金融机构融资对低生活消费水平家庭的支出效应较大。

对于家庭生产性支出方面，新型农村金融机构融资对农户家庭生产性支出的影响随着分位点的提高而不断减小，且其显著性水平不断降低。在10%分位点上，新型农村金融机构融资使得农户家庭生产性支出的对数值提高0.929，且在1%的水平上显著；在30%分位点上，新型农村金融机构融资使得农户家庭生产性支出的对数值提高0.450，且在1%的水平上显著；在50%分位点上，新型农村金融机构融资使得农户家庭生产性支出的对数值提高0.268，且在1%的水平上显著；在70%分位点上，新型农村金融机构融资使得农户家庭生产性支出的对数值提高0.133，且在5%的水平上显著；在90%分位点上，新型农村金融机构融资对农户家庭生产性支出的影响均不显著；新型农村金融机构融资除了对家庭生产性支出高的农户影响不显著外，对其他组农户的影响均显著，随着分位数的增加（10%，30%，50%，70%），新型农村金融机构融资对农户家庭生产性支出分位数回归系数呈现减小趋势（92.9%，45.0%，26.8%，13.3%），10%分位点上的系数是70%分位点上的6.98倍（0.929/0.133）。这表明新型农村金融机构融资对家庭生产性支出较小的农户影响较大，也就是说，新型农村金融机构融资对低生产性支出家庭的支出效应较大。

从表6-6中可以看出，综合模型回归结果来看，不论是农户家庭年人均收入、农业收入、非农收入，还是农户家庭年人均支出、生活消费支出、生产性支出，新型农村金融机构融资对农户福利的影响随着分位点的提高而不断降低，即对于具有较低福利水平的农户而言，新型农村金融机构融资对其的福利效应处于最高水平。对于各个回归模型中（家庭年人均收入、农业收入、非农收入、家庭年人均支出、生活消费支出、生产性支出），新型农村金融机构融资对农户福利影响的系数随着分位点的提高而降低，其中各组中系数最大值与最小值的比率依次为3.26倍、2.34倍、4.64倍、1.33倍、2.2倍和6.98倍，其中，以农户生产性支出绝对影响的波动范围较大，以农户家庭年人均支出绝对影响的波动范围最小。

本章首先运用多变量Probit模型，对农户不同融资渠道选择（新型农村金融机构借贷、传统农村金融机构借贷、民间借贷）进行分析，发现农户在不同融资渠道之间的选择存在相互影响，其中农户新型农村金融机构融资对农户传统农村金融机构融资选择具有显著的替代效应（农户借贷渠道选择相关系数为负，且在10%的显著性水平上通过显著性检验，详见表6-2），即农户在选择了新型农村金融贷款后，便不会选择从传统农村金融机构进行融资，也侧面反映新型农村金融机构的设立，占领了传统正规农村金融机构的一部分客户群，在一定程度上提高了农村金融市场的竞争程度。然而，农户农村正规金融机构融资（新型农村金融机构融资和传统农村金融机构融资）与农户民间融资则存在显著的互补效应（农户借贷渠道选择相关系数为正，且在1%的显著性水平上通过检验，详见表6-2），即农户在正规农村金融机构融资不足或者未获得融资的情况下，选择民间借贷来满足自己的资金需求，也从侧面说明新型农村金融机构的设立并未满足部分农户的信贷需求。

本章还分析了新型农村金融机构对农户福利的影响，总体上看，农户的新型农村金融机构贷款提高了农户的福利水平，但是相对于传统农村金融机构贷款而言，农户新型农村金融机构贷款的福利效应相对较低（详见表6-4和表6-5）。通过QTE模型进行农户福利水平的分位数处理效应回归分析发现，不论是农户家庭年人均收入、农业收入、非农收入，还是农户家庭年人均支出、生活消费支出、生产性支出，新型农村金融机构融资对农户福利的影响随着分位点的提高而不断降低，即对于具有较低福利水平的农户而言，新型农村金融机构融资对其的福利效应处于最高水平；而对于较高福利水平的农户而言，新型农村金融机构融资对其的福利效应的影响较小，甚至影响不显著。

五　本章小结

本章使用2015~2016年陕西和宁夏两省（区）农户调查数据，首先，运用多变量Probit模型实证分析了农户对正规金融机构融资、新型农村金融机构融资、传统农村金融机构融资以及民间融资4种融资渠道的选择倾向及其影响因素。研究表明：农户对不同融资渠道的选择存在明显偏好，而传统农村金融机构是农户融资的主要选择渠道；农户在不同融资渠道之间的选择存在相互影响，其中新型农村金融机构融资对农户传统农村金融机构融资的选择具有替代效应，而正规金融机构融资、新型农村金融机构融资、传统农村金融机构融资对民间融资的选择具有互补效应。

其次，采用处理效用模型，分析农户不同融资渠道（新型农村金融机构融资和传统农村金融机构融资）选择对其福利效应的影响。主要有以下结论：不论是新型农村金融机构融资还是传统农村金融机构融资，其对农户的家庭年人均收入、农业收入、非农业收入、年人均支出、生活消费支出、生产性支出均存在显著的正向影响，这表明农户融资参与显著提升了农户家庭的福利水平；虽然农户的融资行为提升了其福利水平，但是新型农村金融机构融资的农户福利效应小于传统农村金融机构融资的农户福利效应。

最后，采用 QTE 模型进行农户福利水平的分位数处理效应回归分析发现：不论是农户家庭年人均收入、农业收入、非农收入，还是农户家庭年人均支出、生活消费支出、生产性支出，新型农村金融机构融资对农户福利的影响随着分位点的提高而不断降低，即对于具有较低福利水平的农户而言，新型农村金融机构融资对其的福利效应处于最高水平。对于各个回归模型中（家庭年人均收入、农业收入、非农收入、家庭年人均支出、生活消费支出、生产性支出），新型农村金融机构融资对农户福利影响的系数随着分位点的提高而降低，其中各组中系数最大值与最小值的比率依次为 3.26 倍、2.34 倍、4.64 倍、1.33 倍、2.2 倍和 6.98 倍；其中，对农户生产性支出绝对影响的波动范围较大，对农户家庭年人均支出绝对影响的波动范围最小。

▶第七章
提升新型农村金融机构支农效果的政策建议及对策

针对新型农村金融机构存在的问题，结合我国新农村建设和统筹城乡发展的需要，对提升我国西部地区新型农村金融机构的支农效果，提出相关政策建议。首先，必须对新型农村金融机构进行宏观调控；其次，应加强新型农村金融机构自身的创新力度；最后，还必须加大政策扶持力度，积极推进配套改革，为新型农村金融机构发展创造良好的制度基础和制度环境。

一 调整新型农村金融机构的宏观政策

（一）深化机构市场定位，明确支农目标

在中国（尤其在中西部地区）农村金融供给严重不足，中低收入农户很难从金融机构中获得贷款。无论是各大商业银行（中国银行、中国建设银行、中国工商银行、中国农业银行）的相继股份制改革，还是农村信用社的一系列改革措施的实施，都可以看出农村地区在逐渐地被各种正规金融机构边缘化，农村地区金融供给逐渐单一化，农村金融服务效率和服务质量也在不断降低，农村金融供给远远满足不了农村地区经营主体的资金需求。农业经营主体（尤其是农户和农村小微企业）从农村金融机构中

第七章　提升新型农村金融机构支农效果的政策建议及对策

难以获得贷款,城乡"二元金融"特征突出,农村金融服务依然是中国金融服务的短板。农村金融的低利性和政策性,逐渐被农村金融机构的商业性、趋利性所取代。农村金融的供给和需求严重错位化,农村金融的供给和需求矛盾日益突出。

针对西部地区农村金融发展的问题,西部地区特别需要对农村金融的增量改革,村镇银行等新型农村金融机构在各地陆续设立,新型机构应该顺应以上农村金融的发展趋势,发挥其资本来源快捷、经营方式灵活的特点,扎根农村地区,服务农村、农业和农民,为农村地区农业经营主体提供差异化的农村金融服务,这里的差异化主要是区别于传统农村金融机构,使新型农村金融机构成为农村普惠金融的生力军,逐渐形成多层次、广覆盖、多样化的农村金融体系。

(二)进一步放宽准入条件,增加农村金融有效供给

(1)进一步实施"东西挂钩"政策

农村金融增量改革,使得我国农村地区金融环境得到改善,但是,从本书第三章村镇银行的分布中可以看出,我国村镇银行的发展存在东多西少、东西部地区网点分布不均等问题,东部农村金融的发展明显快于西部地区,在西部地区由于农村金融发展缓慢,而导致西部地区农村金融市场竞争不充分。新型农村金融机构的设立发起应该进一步实施"东西挂钩"政策。

针对东西部农村经济和金融发展存在较大差距,应该对东西部地区的农村金融实行差异化的管理。比如东部地区经济和金融发展较好,对新型农村金融机构的投资人数也比较多,则应该对东部地区新型农村金融机构的发起设立提出较高的挂钩准入标准;而西部地区经济和金融发展相对较为落后,对新型农村金融机构的投资人数和额度也相对较少,则应该适当降低西部地区新型农村金融机构的挂钩准入要求。

177

（2）进一步完善发起人设立新型农村金融机构的准入制度

村镇银行作为新型农村金融机构的重点发展形式，其主要的出资人包括企业法人（境内非金融机构的企业法人和境内外的金融机构）和境内自然人。村镇银行的发起人通常则是由一家或多家境内银行业金融机构组成，随后企业和个人按一定比例出资共同设立。从以上分析看出村镇银行的发起人主要是境内银行业金融机构，应该适当放宽村镇银行发起人的限制，不仅仅只能使境内银行业金融机构作为村镇银行的控股地位，而应该充分吸收社会投资者，参与到村镇银行的发起设立中，使村镇银行的投资主体逐步多样化，以便更好地服务"三农"。

小额贷款公司作为新型农村金融机构的一种发展形式，其主要的出资人是农村合作银行或境内商业银行。从其他银行业金融机构获得的融资、从投资人获得的借款以及小额贷款公司的实收资本是小额贷款公司的营运资金几个主要来源。其中相关文件对小额贷款公司融资金额做了相关规定，即小额贷款公司从其他银行业金融机构获得的融资余额不得超过其资本净额的50%。作为独立的企业法人，小额贷款公司依法享有民事权利以及法人财产权，并独立承担民事责任。投资设立小额贷款公司的投资者，依法享有重大决策、管理者任命以及资产收益等权利。应该改革小额贷款公司的发起设立准入制度，小额贷款公司出资人主要是农村合作银行或境内商业银行，消除只允许农村合作银行或境内商业银行出资的障碍，充分吸引国有企业、金融机构、民营企业等各类投资者。制定相关的优惠政策，鼓励和支持大中型涉农金融和小额贷款公司的合作，从而为"三农"发展提供更加丰富的资金。

作为新型农村金融机构的一种形式，农村资金互助社具有独立的企业法人资格，实行社员民主管理，其中社员主要是指乡（镇）和行政村的当地农村小企业和当地农户，它是一种互助性的银行业金融机构。农村资金互助社的设立主要是为社员提供存、贷款业务和结算业务等方面的金融服务。同样，银监会对农村资金互助社的设立做了相关规定。(1) 对于发起人方面的规定。农村资金互助社的设立必须有 10 名以上的发起人，且发起人必须符合相关的规定条件要求；(2) 对于设立资本方面的规定。银监会对农村资金互助社设立的资本做了相关要求，其中农村资金互助社设立的注册资本应为实缴资本；并且在乡（镇）层面和行政村层面的注册资本要求不同，其中在乡（镇）层面和行政村层面，设立的农村资金互助社的注册资本分别不得低于 30 万元人民币和 10 万元人民币。通过以上分析可以看出，农村资金互助社的出资人是乡（镇）和行政村的当地农村小企业和当地农户，这种规定会限制农村资金互助社的规模化发展，应该适当进行改革创新，将农村资金互助社的出资人的范围扩大到村社外部的个人与单位，更好地发展农村资金互助社。

（三）构建中央和地方政府分级协同监管体制

针对新型农村金融机构多头审批注册、多头监管的失序局面，建议构建中央和地方政府分级协同监管的农村金融监管体制，改善对新型农村金融机构的监管，严格防范农村金融市场风险的集中和加剧。具体措施应该包括以下几个方面。

(1) 加快农村金融监管体制创新

建议应改变城市和农村金融机构信用风险都由中国银监会独立监管的现状，逐步建立中央与地方政府分级对新型农村金融机构进行协同监管的体制。从理论上讲，分级监管体制可以通过监管竞争，有助于形成一个较为宽松的监管环境，有利于这些新型金融机构针对农村地方经济特色和需要开展金融创新活动，设计一些新型的金融产品和服务，从而分散和降低金融系统风险，因此，建议对新型农村金融机构的监管体制进行改革，逐步建立

"央地"两级分权管理的监管体制,并赋予地方政府对新型农村金融更多的监管权限。

(2) 改善监管方式和监管手段

针对不同类型新型农村金融机构实行分类监管。制定符合农村金融机构及其业务特点的差异化监管政策,对不同类型的新型农村金融机构采用不一样的监管方式。例如,非审慎监管模式可以针对农村资金互助社展开。另外,政府立法部门应该加快农村金融机构相关法规的研讨和论证,并尽快推出这些法规,一方面可以使农村资金互助社的合法经营权利得到保障,另一方面也有利于促使农村资金互助社依法合规经营。坚持监督管理和指导服务相结合。一般而言,由于经营规模较小,成立时间较短,新型农村金融机构的抵御风险的能力也较弱,因此,监管部门要采取一些有效的合理举措,才能保证新型农村金融机构的稳健发展,特别是既要注重监督管理,也要强调对新型农村金融机构的指导服务,才能确保对农村资金互助社实行日常指导与监督管理的并驾齐驱,而对主发起人和大股东要加强责任监管,最终推动新型农村金融机构稳步快速发展。

二 推进新型农村金融机构产品和服务方式创新

(一) 深入农村生产生活,加强品牌宣传,吸引资金流入

首先,要做的是主动拉近与农村居民的距离,提供适宜于农村、农民特点的面对面的金融服务。例如,新型农村金融机构可选取有影响力的社区居民及小企业作为目标客户,派专人了解他们生活及生产经营过程中存在的困难,并在适当时候出手以解其燃眉之急。农户一般具有朴实的行为逻辑,谁曾经帮过他,有好处的时候自然就会想到谁,他必然会很乐意将多余的资金存到新

型农村金融机构。而且他们的影响力还会带动身边更多的人加入。这样，新型农村金融机构就可以积累一批忠实的客户资源。

其次，新型农村金融机构应加强自身建设，树立专业形象，以高质量的服务赢取客户的信任和支持。另一方面，相关部门应利用舆论的力量，通过公益广告及印发宣传册等形式，向农户宣传新型农村金融机构服务"三农"的性质，通过政府的力量拉近农户与新型农村金融机构距离，树立起"农民机构"的品牌形象。

（二）创新经营理念和发展方式，提升核心竞争力

随着农村金融的不断改革，尤其是新一轮农村金融的增量改革，即村镇银行等新型农村金融机构的设立和发展，这里的新型农村金融机构主要是区别于大型商业银行以及其他的正规农村金融机构。随着全球经济一体化，金融发展也日趋市场化，粗放型经营模式并不能适应未来的发展，新型农村金融机构应该适应市场化的发展需求，不断创新其经营理念，转变其发展方式，努力将发展模式调整为"做精做优"，即不盲目地追求机构发展规模化，而将重心放在精细化的经营方式，提供优质的农村金融服务上。

新型农村金融机构应该建立良好的激励机制，构建完善的绩效考核体系，转变机构基层信贷人员的经营思路，发挥其主观能动性，努力克服其偏好收入较高农户和经营状况较好的中小企业，突出新型农村金融机构支农支小的特点，以提高新型农村金融机构的支农效果。

新型农村金融机构应该积极进行农村金融产品的创新，针对当地的经济发展，尝试不同类型的信贷模式，其中包括探索农户和中小企业的有效抵质押品，创新抵质押担保方式；积极地扩大农村金融服务范围，创新农村金融服务品种。

（三）柔性引进专业人才，降低引进成本

柔性引进人才是指在不改变人才隶属关系和身份的条件下，通过借调、租赁和项目承包等方式获取人才的智力。新型农村金融机构难以大量买断人才的使用权，柔性引进人才"不求所有，但求所用"，不仅消除了人才对风险等问题的顾虑，提高了新型农村金融机构对人才的吸引力，还节约了多项开支，大幅度降低了引进成本。

首先，节约了招聘费用。柔性引进一般是通过发起和协作单位或员工介绍的方式与人才取得联系，双方通过计算机、手机、传真机等现代化的技术联络。这样就降低或免除了广告费、摊位费、差旅费和外聘测评专家咨询费等招聘费用的支出。

其次，节约了培训费。培训是人力资本保值增值的需要，是一项重要的福利。在柔性引进的状况下，由于人才隶属关系未变，培训仍是原单位的职能，新型农村金融机构没有对人才培训的义务，无需支出培训费。

再次，节约了薪酬福利的费用。对正常录用的人才，新型农村金融机构必须采取"用养结合"的长期工资策略，即使人才暂时没有适合的工作，比如在一个项目刚完成，新的项目还未上马的工作间歇期，企业仍要为其支付稳定、可观的固定工资。对柔性引进的人才则可采取"只用不养"的弹性工资策略，一旦没有适合的合作项目，立即解除合约停发工资。正式录用的人才必定享受完善的福利：各种社会保障、津贴和补贴，住房，带薪旅游，甚至配备汽车等。柔性引进的人才是高级"临时工"，对福利并无太多要求。

最后，节约了可能发生的辞职成本。正式招聘的人才必然产生辞职成本，包括人才离开岗位使工作处于停滞的效率成本，重新招聘、培训的录用成本以及辞退金。柔性引进人才是以项目为

基础，双方相互了解，目标一致，职责明确，中途毁约离职的概率极小。合同期满则自动解除人事关系，不需支付辞退金。

（四）充分利用网络信息技术，增强内生支农能力

进入 21 世纪，随着计算机技术以及互联网技术的不断发展，网络信息技术已经渗透到社会生活的各个方面，尤其是在农村地区，互联网的发展还有很大的潜力。互联网技术的飞速发展，互联网与农村金融服务的融合，无疑为农村金融创新带来了新的契机。通过互联网与金融的不断融合和发展，互联网金融应运而生，互联网金融使得金融服务不断便利化和快捷化。国务院通过相关的文件也提出了相应的要求，积极推进互联网金融发展和创新，但是这种发展必须建立在一定的条件基础上，即必须在互联网金融服务规范化的基础上，才能更好地发挥其作用。

借助互联网的发展以及互联网金融不断的创新，新型农村金融机构应该把握机会，充分利用互联网的方便、快捷等特征，积极发展农村地区互联网金融服务创新，进一步实现农村金融服务的现代化发展，进而积极促进农村地区普惠金融的发展。要进一步发展农村地区的互联网金融，需要从几个方面做出努力：第一，积极寻求政府部门的资助，进一步加快农村地区互联网基础设施的建设，搭建农村金融网络支付平台，为农村地区农户和农村中小企业的金融服务提供便利；第二，对新型农村金融机构的信贷人员而言，除了学习和培训信贷业务专业知识外，应该鼓励信贷人员积极学习网络信息技术，将网络信息技术和信贷专业知识有机融合起来，以便更高效地提供农村金融服务，进而更好地服务农业经营主体；第三，新型农村金融机构的信贷人员在学习网络信息技术的基础上，要不定期地在农村地区进行互联网金融的宣传，让广大的农户对互联网金融有所了解，以最大限度地提升农户对互联网金融服务的接受程度。

（五）立足乡镇开展错位竞争，提供差异化的产品和服务

新型农村金融机构不应与传统涉农金融机构农信社、中国农业银行以及邮政储蓄银行等强大对手展开正面冲突，而应通过金融创新，提供个性化服务，实行差异化经营策略。

首先，新型农村金融机构应结合自身员工本土化以及"决策链条短，操作机制灵活，贷款审批时间短"的优势，重点开展零售业务。根据农户的特定需求有针对性地制定一揽子的金融服务，而非单一的存贷款品种。除了传统的存贷款业务外，还要积极开拓代理保险、个人理财、信息咨询等综合服务。结合当地的"三农"经济发展，拓展林权抵押、宅基地抵押、承包经营权抵押等新型抵押产品，逐步扩大担保物范围，创新贷款模式，利用独有的优质产品服务于农村地区，成为当地居民和中小企业认可的金融机构。

其次，应抓住金融服务死角。在原先商业银行网点撤销的地区，建立特约服务点以及通过电子支付网络等手段，抢占金融空白点，达到金融服务广覆盖的目的。

最后，新型农村金融机构还应加大与同业金融合作力度，依托主发起行或其他商业银行拓宽业务领域。特别是村镇银行应该在科技、银行卡、通汇等方面，要依托主发起行，争取所有的村镇银行都能发行金融IC卡，开办网上银行业务。

三 加大政策扶持力度，推动相关配套制度改革

（一）加大对新型农村金融机构的财政、货币政策扶持力度

新型农村金融机构设立的主要目的是服务于当地农民、农业和农村经济发展，专门为当地"三农"（农业、农民和农村）提

供贷款服务。农村资金互助的主要业务是吸收社员的存款以及向社员发放贷款。从新型农村金融机构的服务目标和市场定位可以看出，其承担政策性金融的一部分职能，因此，应加大对新型农村金融机构货币、财政政策的扶持力度。

(1) 加大新型农村金融机构的财政扶持力度

我国通过奖励优惠政策、财政补贴政策、税收优惠政策来实现对新型农村金融机构的财政扶持。其中财政补贴政策方面，由于新型农村金融机构的服务区域是农村地区，金融服务对象主要是农户和农村中小企业，而农业生产的季节性和周期性，使得农户和农村中小企业在农忙时期需要从银行获得大量的资金，来满足其农业生产经营支出的需要，这样就会给新型农村金融机构的资金财务带来压力，所以，财政部在2008年和2009年颁布了相关的费用补贴管理办法，其对新型农村金融机构的贷款补贴方式、额度和条件，都做了详细的阐述和规定。与新型农村金融机构相关的费用补贴管理办法的颁布，很大程度上资助了新型农村金融机构的发展。

在新型农村金融机构的税收优惠政策方面，2008年由国家税务总局和财政部印发的贷款损失准备金的税前扣除政策，更是对涉农贷款损失专项准备金做了进一步的税收优惠，即新型农村金融机构的这部分准备金可以在应纳税中全额扣除。2009年的文件《关于农村金融有关税收政策的通知》，更是对新型农村金融机构的税收政策进行了优惠，即征收的营业税仅为3%。新型农村金融机构的税收优惠政策，也在很大程度上资助了新型农村金融机构的发展。

(2) 提高新型农村金融机构的货币金融政策扶持力度

为了进一步加大对新型农村金融机构的货币政策扶持力度，货币管理当局应该做到以下几个方面。

第一，进一步降低新型农村金融机构的存款准备金。中央银行应该继续保持不对资金互助社提取存款准备金,并且进一步降低村镇银行的存款准备金。应该允许新型农村金融机构从中央银行、大型商业银行等金融机构中获得支农再贷款,以扩大新型农村金融机构的信贷额度,更多更好地服务农户和农村小微企业。

第二,积极改革农村地区存款和贷款利率管理制度。对于村镇银行而言,应该积极地对其存款和贷款利率进行差异化管理,譬如,应该提高村镇银行的存款利率,较高的存款利率可以很大程度地吸收农村社会的闲散资金,即可以使村镇银行吸收的存款增多,进而可以为农村地区发放更多的贷款,以更好地服务农村的农户和中小企业。适当降低村镇银行的贷款利率,这样既可以扩大村镇银行放贷的规模,又可以降低农村农户和中小企业融资的成本,进一步盘活农村资金。

(二)优化农村信用环境,加强农村信用体系的建设

各级政府应加强农村金融风险的抵御意识,规范行政行为,保护新型农村金融机构的合法经营活动。各级政府应与县域内所有农村金融机构、当地人民银行、企业及农户协作,构建完善的信用评价体系及有效的信用激励和惩罚机制,从根本上逐渐改善当地农村信用环境。司法方面的支持和保障是保证新型农村金融机构持续创新的关键,要通过司法部门,有效实现与相关法律、规划、政策对接,为全面推进新型农村金融机构创新提供有效的服务和保障。税务、公安、工商、银行等部门应积极合作,做好信用数据的收集整理和发布工作,为农村经济和金融发展提供信息查询通道;建立统一的小企业信用评估体系;建立农村中小企业信用评估体系,推进信用档案建设,降低业务运行成本。要通过宣传、教育和舆论监督等手段,提高公众的诚实守信意识,建立失信公布制度。对个人及企业失信行为进行公布,对失信人及社会公众起到警示作用。要加大对失信行为的处罚力度,提高失

信违约成本。由政府组建企业和个人信用登记机构，将银行、工商、税务、公安等部门的信用信息汇总登记，纳入统一的信用记录系统，为企业、个人和金融机构了解相关信用状况提供服务，减少新型农村金融机构因逃、废债而遭受损失。

（三）发展农业保险，建立农业信贷风险分担和转移机制

农业保险是为农业生产者提供了风险分担和转移的保障，农村地区的农业经营主体可以通过参加农业保险，以达到弥补其经济损失的目的，其中农业经济损失主要是由于自然灾害或者意外事故所带来的。农业保险的种类有很多种，其中有养殖业保险、种植业保险等。农业保险是一种损失分担机制，农村地区农业保险的发展，可以降低农业信贷带来的风险，稳定农村地区农户的收入。对于新型农村金融机构而言，农业保险主要有以下几个方面的作用。

（1）进一步改善农村地区信用环境。自新型农村金融机构进入到农村金融市场，农业保险便对农村信贷市场提供了风险分担的保障，农户可以通过购买农业保险，进而取得农村金融机构的信任，以便更容易从新型农村金融机构获得贷款。另外，由于农业经营主体参加农业保险，其信用记录在农业保险管理部门已有备案，通过新型农村金融机构和农业保险管理部门的信息共享，新型农村金融机构可以更好地掌握农业经营主体的信用水平，进而改善农村地区信用环境。

（2）增强农业经营主体的偿贷能力。农业产业不同于其他产业，农业生产存在周期性长、环境依赖性强、抵御灾害能力弱等方面的特点，也正是因为农业生产的这些特点，使得农业经营主体的收入存在较大的波动性和不确定性。而农业保险的出现，使得由农业生产的脆弱性带来的农业收入的不确定性得以缓解，农业经营主体可以通过购买农业保险，来预防农业生产的不确定性的出现，并弥补由于自然灾害或者意外事故带来的经济损失。农业保险平衡了农业经营主体的收入，那么在农业经营主体发生借贷时，也很大程度上提升了农业经营主体的偿还贷款的能力。农业经营主体通过新型农村金融机构的借贷资金，可以更大程度地实现规模化生产，进而促进农村经济发展和农户收入的提升。

如果新型农村金融机构在没有农业保险的情况下，给农业经营主体发放贷款，如果当年没有发生自然灾害，农业经营主体的农业生产经营良好，那么新型农村金融机构和农业经营主体则都会获得利益，但是如果农业经营主体在借款当年发生意外事故，或者当地发生了严重的自然灾害，那么，农业经营主体由于经济损失，而无法及时向新型农村金融机构偿还贷款，那么，新型农村金融机构将会承担违约的风险。因为，农业产业是一个风险较大的产业，农村金融机构不得不采用较为谨慎的态度发放涉农贷款，而农业保险则为农业经营主体和农村金融机构之间提供了一个保障机制，以便使得农业经营主体更加容易从农村金融机构获得贷款，另外，则可减少农村金融机构对农业经营主体的违约承担的风险。基于此，覆盖面广的农业保险体系急需建立，政府部门应该加大对农业保险的支持力度，不断进行农业保险创新，以更好地试用于农业的发展，降低新型农村金融机构的信贷风险，提高其支农效果。

四 本章小结

本章在前文研究的基础上，对提升我国西部地区新型农村金融机构的支农效果，提出相关政策建议。首先，从深化新型农村金融机构市场定位、放宽新型农村金融机构的准入条件、构建中央和地方政府分级协同监管体制三个方面，加强对新型农村金融机构的宏观调控。其次，应加强新型农村金融机构自身的创新力度。其中包括深入农村生产生活，加强品牌宣传，吸引资金流入；创新经营理念和发展方式，提升核心竞争力；柔性引进专业人才，降低引进成本；充分利用网络信息技术，增强内生支农能力；立足乡镇开展错位竞争，提供差异化的产品和服务。最后，还必须加大政策扶持力度，积极推进配套改革。包括加大对新型农村金融机构的财政、货币政策扶持力度；优化农村信用环境，加强农村信用体系的建设；大力发展农业保险，建立农业信贷风险分担和转移机制。

参考文献

安翔,2005,《我国农村金融发展与农村经济增长的相关分析》,《经济问题》第10期。

曹瓅、罗剑朝、房启明,2014,《农户产权抵押借贷行为对家庭福利的影响——基于陕西和宁夏1479户农户的微观数据》,《中南财经政法大学学报》第5期。

褚保金、卢亚娟、张龙耀,2009,《信贷配给下农户借贷的福利效果分析》,《中国农村经济》第6期。

邓莉、冉光和,2005,《重庆农村金融发展与农村经济增长的灰色关联分析》,《中国农村经济》第8期。

董晓林、程超、龙玲华,2014,《主发起人类型、设立取址与村镇银行经营绩效——以江苏为例》,《财贸研究》第2期。

董晓林、朱敏杰、张晓艳,2016,《农民资金互助社对农户正规信贷配给的影响机制分析——基于合作金融"共跻监督"的视角》,《中国农村观察》第1期。

杜金向、董乃全,2013,《农村正规金融、非正规金融与农户收入增长效应的地区性差异实证研究——基于农村固定点调查1986~2009年微观面板数据的分析》,《管理评论》第3期。

杜晓山、聂强,2010,《小额贷款公司与监管的博弈分析》,《现代经济探讨》第9期。

杜兴端、杨少垒，2011，《农村金融发展与农民收入增长关系的实证分析》，《统计与决策》第9期。

傅昌銮、朱西湖，2016，《小额贷款公司双重目标的权衡——以浙江省为例的实证分析》，《农业经济问题》第6期。

傅昌銮，2015，《不同类型农村中小金融机构绩效的决定——基于浙江省的研究》，《农业经济问题》第5期。

高晓燕、孙晓靓，2011，《我国村镇银行可持续发展研究》，《财经问题研究》第6期。

葛永波、赵国庆、王鸿哲，2015，《村镇银行经营绩效影响因素研究——基于山东省的调研数据》，《农业经济问题》第9期。

葛永波、周倬君、马云倩，2011，《新型农村金融机构可持续发展的影响因素与对策透视》，《农业经济问题》第12期。

郭世辉、康佳楠、张新渊等，2011，《农户对新型农村金融机构的借贷偏好分析》，《西北大学学报》（哲学社会科学版）第3期。

郭沛，2004，《中国农村非正规金融规模估算》，《中国农村观察》第2期。

郭翔宇、罗剑朝、曾福生等，2007，《中国农业与农村经济发展前沿问题研究》，中国农业出版社。

哈斯，2012，《小额贷款公司对民间融资的替代和转化效用研究——以内蒙古西部地区为例》，《中央财经大学学报》第8期。

洪正，2011，《新型农村金融机构改革可行吗？——基于监督效率视角的分析》，《经济研究》第2期。

胡金焱、董鹏，2008，《农村金融发展与农民收入的关系：山东例证》，《改革》第2期。

胡金焱、袁力，2016，《小额信贷实现支农目标了么?》，《经济与管理研究》第2期。

胡联、汪三贵、王娜，2015，《贫困村互助资金存在精英俘获吗——基于5省30个贫困村互助资金试点村的经验证据》，《经济学家》第9期。

胡亮亮，2015，《利率市场化条件下村镇银行面临的挑战及对策》，《现代经济探讨》第5期。

胡竹枝、黄怡聪、区凯瑶，2015，《基于DEA模型的我国村镇银行效率研究》，《经济体制改革》第2期。

胡宗义、李佶蔓、唐李伟，2014，《农村小额信贷与农村居民收入增长——基于STAR模型的实证研究》，《软科学》第4期。

胡宗义、罗柳丹，2016，《小额信贷缓减农村贫困的效用研究——基于面板模型的分析》，《财经理论与实践》第3期。

黄惠春，2014，《农村土地承包经营权抵押贷款可得性分析——基于江苏试点地区的经验证据》，《中国农村经济》第3期。

黄玉英，2009，《浙江"小额贷款公司"与商业银行及民间金融的比较分析》，《浙江大学学报》第3期。

黄祖辉、刘西川、程恩江，2009，《贫困地区农户正规信贷市场低参与程度的经验解释》，《经济研究》第4期。

何广文，2009，《农村信用社制度变迁：困境与路径选择》，《经济与管理研究》第1期。

贾立、王红明，2010，《西部地区农村金融发展与农民收入增长关系的实证分析》，《农业技术经济》第10期。

江美芳、朱冬梅，2011，《农村金融发展对农村经济增长的影响——基于江苏省数据的实证分析》，《经济问题》第12期。

蒋俊毅、侯少夫，2013，《农村金融结构优化是否促进了农村经济增长——基于湖南省的实证研究》，《财经理论与实践》第6期。

焦兵，2007，《东西部农村金融对农村经济增长贡献的比较研究》，《统计与决策》第2期。

孔哲礼、李兴中，2014，《农户小额信贷与农村金融机构可持续发展关系研究》,《经济问题》第 12 期。

兰庆高、惠献波、于丽红、王春平,2013,《农村土地经营权抵押贷款意愿及其影响因素研究——基于农村信贷员的调查分析》,《农业经济问题》第 7 期。

黎毅、罗剑朝、房启明,2014,《不同模式下的农户土地抵押决策响应差异研究》,《财贸研究》第 6 期。

李金亚、李秉龙,2013,《贫困村互助资金瞄准贫困户了吗——来自全国互助资金试点的农户抽样调查证据》,《农业技术经济》第 6 期。

李庆海、吕小锋、李锐,2016,《农户信贷约束及其福利水平的分位数影响》,《华南农业大学学报》(社会科学版)第 2 期。

李锐、李宁辉,2004,《农户借贷行为及其福利效果分析》,《经济研究》第 12 期。

李树生,2006,《低利率货币政策与农村经济增长的理论探析》,《财贸经济》第 12 期。

李韬、罗剑朝,2015,《农户土地承包经营权抵押贷款的行为响应——基于 Poisson Hurdle 模型的微观经验考察》,《管理世界》第 7 期。

李小鹤,2013,《农村金融组织运行效率比较:地下钱庄、小贷公司与村镇银行》,《改革》第 4 期。

李莹星,2015,《小额信贷能改善穷人福利吗?——微观影响评估研究综述》,《农业经济问题》第 10 期。

李永平、胡金焱,2011,《设立小额贷款公司的政策目的达到了吗?——以山东省为例的调查分析》,《山东社会科学》第 1 期。

李永平、胡金焱,2013,《我国农村各类金融机构的交易费用比较——基于山东省的调查分析》,《财贸经济》第 7 期。

李志平,2012,《资金困境、金融深化与我国农业技术进步——基于浙、滇和豫三省 253 个农户问卷的思考》,《江汉论坛》第

6 期。

梁静雅、王修华、杨刚，2012，《农村金融增量改革实施效果研究》，《农业经济问题》第 3 期。

廖继伟，2010，《新型农村资金互助合作社发展路径研究——以四川为例》，《上海经济研究》第 7 期。

林乐芬、沈一妮，2015，《异质性农户对农地抵押贷款的响应意愿及影响因素——基于东海试验区 2640 户农户的调查》，《财经科学》第 4 期。

林乐芬、王军，2011，《农村金融机构开展农村土地金融的意愿及影响因素分析》，《农业经济问题》第 12 期。

林乐芬、赵倩、沈建芬，2013，《准新型农村金融机构运行绩效及影响因素研究——基于 28 家农民资金互助合作社的调查》，《南京农业大学学报》（社会科学版）第 2 期。

刘旦，2007，《我国农村金融发展效率与农民收入增长》，《山西财经大学学报》第 1 期。

刘飞，2014，《利率市场化背景下中小银行利率风险分析——基于四川省 4 类中小法人金融机构的考察》，《财经科学》第 12 期。

刘辉煌、吴伟，2014，《我国农户借贷状况及其收入效应研究》，《上海经济研究》第 8 期。

刘姣华，2014，《利率市场化的风险防范与现实应对：村镇银行个案》，《改革》第 1 期。

刘洁，2008，《金融发展、农村金融发展与农村经济增长——基于 1980~2007 年的实证分析》，《农业经济问题》第 S1 期。

刘萍萍、唐新，2012，《新型农村金融机构的风险生成机理及管理模式创新》，《四川师范大学学报》（社会科学版）第 3 期。

刘赛红、王国顺，2012，《农村金融发展影响农民收入的地区差异》，《经济地理》第 9 期。

刘宛晨、段泽宇，2008，《完善农村资金互助社以满足农户信贷需求》,《财经理论与实践》第 5 期。

刘小玄、王冀宁,2011,《新兴小型金融机构的产权和法人治理机制》,《经济学动态》第 2 期。

刘玉春、修长柏,2013,《农村金融发展、农业科技进步与农民收入增长》,《农业技术经济》第 9 期。

刘玉春、修长柏,2014,《农村金融发展与农业科技进步——基于时间序列的格兰杰因果分析》,《科学管理研究》第 3 期。

刘志友、孟德锋、卢亚娟,2013,《微型金融机构的效率权衡:财务效率与社会效率——以江苏省小额贷款公司为例》,《经济理论与经济管理》第 5 期。

刘志友、孟德锋、杨爱军,2012,《金融发展、支农目标与微型金融机构的成本效率——以江苏省小额贷款公司为例》,《财贸经济》第 8 期。

龙华平、金敏敏,2012,《小额贷款公司与地方经济互动关系研究——基于贵州省的实证分析》,《经济问题》第 10 期。

卢敏、李云方,2012,《农民资金互助社的成因、运行与发展困境分析》,《农业经济问题》第 3 期。

卢亚娟、孟德锋,2012,《民间资本进入农村金融服务业的目标权衡——基于小额贷款公司的实证研究》,《金融研究》第 3 期。

陆智强、熊德平,2015,《金融发展水平、大股东持股比例与村镇银行投入资本》,《中国农村经济》第 3 期。

陆智强,2015,《基于机构观与功能观融合视角下的村镇银行制度分析——以辽宁省 30 家村镇银行的调查为例》,《农业经济问题》第 1 期。

罗剑朝、庸晖、庞玺成,2015,《农地抵押融资运行模式国际比较及其启示》,《中国农村经济》第 3 期。

罗剑朝,2015,《中国农村金融前沿问题研究(1990~2014)》,中国金融出版社。

罗剑朝，2015，《农村金融发展报告》，中国金融出版社。

孟德锋、卢亚娟、方金兵，2012，《金融排斥视角下村镇银行发展的影响因素分析》，《经济学动态》第9期。

马九杰、王国达、张剑，2012，《中小金融机构与县域中小企业信贷——从需求端对"小银行优势"的实证分析》，《农业技术经济》第4期。

马九杰、吴本健，2012，《利率浮动政策、差别定价策略与金融机构对农户的信贷配给》，《金融研究》第4期。

牛晓冬、罗剑朝、牛晓琴，2015，《不同收入水平农户参与农地承包经营权抵押融资意愿分析——基于陕西、宁夏农户调查数据验证》，《经济理论与经济管理》第9期。

牛晓冬、罗剑朝、牛晓琴，2016，《农地承包经营权抵押融资研究》，《西北农林科技大学学报》（社会科学版）第5期。

齐良书、李子奈，2009，《农村资金互助社相关政策研究——基于社员利益最大化模型的分析》，《农村经济》第10期。

乔桂明、陈晓敏，2004，《农村经济发展中的民间金融问题研究》，《农业经济问题》第12期。

曲小刚、罗剑朝，2013，《村镇银行发展的制约因素及对策》，《华南农业大学学报》（社会科学版）第3期。

曲小刚、罗剑朝，2013，《大型商业银行培育村镇银行的绩效考察——以中国建设银行为例》，《金融论坛》第2期。

曲小刚、罗剑朝，2013，《新型农村金融机构可持续发展的现状、制约因素和对策》，《中国农业大学学报》（社会科学版）第2期。

邵传林，2010，《金融"新政"背景下农村资金互助社的现实困境——基于2个村的个案研究》，《上海经济研究》第6期。

沈红丽，2016，《农户借贷行为的Heckman两阶段模型分析——基于天津市农村二元金融结构视角》，《统计与信息论坛》第1期。

沈杰、马九杰，2010，《农村金融新政对增加农村金融信贷供给的作用——基于对新型农村金融机构的调查分析》，《现代经济探讨》第7期。

孙健，2013，《金融支持、新型农村金融机构创新与三农发展》，山东大学，博士论文。

谭燕芝、眭张媛、张子豪，2016，《农村小额贷款公司网点布局及支农成效研究——基于东中西部355家农村小额贷款公司实证分析》，《经济问题》第8期。

唐礼智，2009，《农村非正规金融对农民收入增长影响的实证分析——以福建省泉州市为例》，《农业经济问题》第4期。

田剑英、黄春旭，2013，《民间资本金融深化与农村经济发展的实证研究——基于浙江省小额贷款公司的试点》，《管理世界》第8期。

田杰、刘勇、刘蓉，2014，《信息通信技术、金融包容与农村经济增长》，《中南财经政法大学学报》第2期。

田杰、刘勇、陶建平，2012，《社会经济特征、竞争优势与农村金融机构网点布局——来自我国278家村镇银行的经验证据》，《西北农林科技大学学报》（社会科学版）第6期。

田杰、陶建平，2012，《农村金融密度对农村经济增长的影响——来自我国1883个县（市）面板数据的实证研究》，《经济经纬》第1期。

汪险生、郭忠兴，2014，《土地承包经营权抵押贷款：两权分离及运行机理——基于对江苏新沂市与宁夏同心县的考察》，《经济学家》第4期。

王登荣，2013，《新政策视角下农业科技创新的金融支持问题探讨——来自甘肃省陇南市的调查》，《山西财经大学学报》第S1期。

王虎、范从来，2006，《金融发展与农民收入影响机制的研究——来自中国1980~2004年的经验证据》,《经济科学》第6期。

王慧颖,2013,《基于突变级数法的村镇银行可持续发展状况研究》,《统计与决策》第7期。

王佳楣、罗剑朝、王蕾,2013,《中小企业新型农村金融机构借贷需求及可得性的影响因素分析——基于陕西省中小企业调查数据》,《经济经纬》第6期。

王佳楣、罗剑朝、张珩,2014,《新型农村金融机构绩效评价及影响因素——基于陕西与宁夏20家机构的调查》,《西北农林科技大学学报》(社会科学版)第4期。

王俊芹、宗义湘、赵帮宏,2009,《农村信用合作社的金融发展水平与农村经济增长的实证分析——以河北省为例》,《农业技术经济》第2期。

王芹、罗剑朝,2014,《新型农村金融机构农户满意度影响因素研究——以473户新型农村金融机构借款农户的数据为例》,《农村经济》第8期。

王擎、田娇,2014,《非正规金融与中国经济增长效率——基于省级面板数据的实证研究》,《财经科学》第3期。

王曙光,2009,《民族地区金融反贫困中的资本整合、文化融合与体制磨合:新疆案例》,《农村经济》第11期。

王苇航,2008,《关于发展农村资金互助合作组织的思考》,《农业经济问题》第8期。

王玮、何广文,2008,《社区规范与农村资金互助社运行机制研究》,《农业经济问题》第9期。

王文成、周津宇,2012,《农村不同收入群体借贷的收入效应分析——基于农村东北地区的农户调查数据》,《中国农村经济》第5期。

王小华、温涛、王定祥,2014,《县域农村金融抑制与农民收入内部不平等》,《经济科学》第2期。

王亦平，2009，《农村资金互助社法律规范之缺失》，《金融理论与实践》第 5 期。

王芳，2015，《陕西省农户借贷行为比较研究》，中国金融出版社。

温涛、冉光和、熊德平，2005，《中国金融发展与农民收入增长》，《经济研究》第 9 期。

温铁军、刘海英、姜柏林，2010，《财政与行政资源对农村资金互助社发展的影响》，《税务研究》第 7 期。

肖干、徐鲲，2012，《农村金融发展对农业科技进步贡献率的影响——基于省级动态面板数据模型的实证研究》，《农业技术经济》第 8 期。

肖轶、魏朝富、尹珂，2012，《农户农村"三权"抵押贷款需求意愿及影响因素分析——基于重庆市 22 个县（区）1141 户农户的调查数据》，《中国农村经济》第 9 期。

邢道均、叶依广，2011，《农村小额贷款公司缓解农村中小企业正规信贷约束了吗？——基于苏北五市的调查研究》，《农业经济问题》第 8 期。

熊彼特，2000，《经济发展理论》，商务印书馆。

徐淑芳、余楚楚，2016，《我国村镇银行的财务效率影响因素研究——基于宏观经济环境视角》，《宏观经济研究》第 5 期。

许崇正、高希武，2005，《农村金融对增加农民收入支持状况的实证分析》，《金融研究》第 9 期。

许月丽、王飞，2015，《二元转型、正规金融合约激励设计与农户融资约束》，《财经研究》第 5 期。

颜廷峰，2010，《农村信用社金融中介功能残缺与农村经济增长》，《农业经济问题》第 7 期。

杨帆、马艳红，2009，《农村经济增长中正规金融支持的效果分析》，《农业经济问题》第 7 期。

杨虎锋、何广文，2011，《小额贷款公司经营有效率吗——基于42家小额贷款公司数据的分析》，《财经科学》第12期。

杨虎锋、何广文，2014，《治理机制对小额贷款公司绩效的影响——基于169家小额贷款公司的实证分析》，《中国农村经济》第6期。

杨林生、杨德才，2014，《小额贷款公司可持续发展的制度约束与对策建议》，《经济问题》第2期。

杨婷怡、罗剑朝，2014，《农户参与农村产权抵押融资意愿及其影响因素实证分析——以陕西高陵县和宁夏同心县919个样本农户为例》，《中国农村经济》第4期。

杨小玲、陈昆，2013，《农村金融深化对农民收入差距影响的实证研究》，《财经问题研究》第6期。

姚耀军，2004，《中国农村金融发展与经济增长关系的实证分析》，《经济科学》第5期。

余新平、熊皛白、熊德平，2010，《中国农村金融发展与农民收入增长》，《中国农村经济》第6期。

禹跃军、王菁华，2011，《基于VAR模型的中国农村金融发展与农村经济增长关系研究》，《经济问题》第12期。

张兵、张宁、李丹等，2013，《农村非正规金融市场需求主体分析——兼论新型农村金融机构的市场定位》，《南京农业大学学报》（社会科学版）第2期。

张龙耀、王梦珺、刘俊杰，2015，《农民土地承包经营权抵押融资改革分析》，《农业经济问题》第2期。

张鹏、袁方，2009，《农村金融、城市化对农民收入增长的影响》，《经济问题》第8期。

张松灿，2013，《农户村镇银行贷款意愿实证分析》，《农业经济问题》第6期。

张晓云、范香梅、辛兵海，2016，《机构准入、金融包容与收入分配》,《中国农村观察》第 6 期。

赵丙奇、杨丽娜,2013,《村镇银行绩效评价研究——以浙江省长兴联合村镇银行为例》,《农业经济问题》第 8 期。

赵婧瑶、王宏伟,2014,《村镇银行流动性风险预警研究——以 B 村镇银行为例》,《财经问题研究》第 S1 期。

赵雯、罗剑朝、刘浩等,2013,《农户对新型农村金融机构贷款意愿及其影响因素分析——基于不同收入水平和兼业类型农户的 logit 估计》,《农村经济》第 5 期。

中国人民银行平顶山市中支课题组,2003,《农业贷款的总量,效应与制约因素分析:平顶山个案》,《金融研究》第 3 期。

钟笑寒、汤荔,2005,《农村金融机构收缩的经济影响:对中国的实证研究》,《经济评论》第 1 期。

周邦瑶,2014,《金融体系改革对农业技术进步影响的实证检验》,《统计与决策》第 7 期。

周顺兴,2016,《银行业竞争、客户筛选与村镇银行二元绩效:传导机制与实证研究》,《经济理论与经济管理》第 4 期。

周月书、李扬,2013,《农村小额贷款公司对农村小微企业正规信贷配给的影响分析——基于苏北农村小微企业的调查》,《中国农村经济》第 7 期。

朱喜、李子奈,2006,《改革以来我国农村信贷的效率分析》,《管理世界》第 7 期。

朱玉春、王蕾,2014,《不同收入水平农户对农田水利设施的需求意愿分析——基于陕西、河南调查数据的验证》,《中国农村经济》第 1 期。

张敬石、郭沛,2011,《中国农村金融发展对农村内部收入差距的影响——基于 VAR 模型的分析》,《农业技术经济》第 1 期。

Adams R., Vogel R. E., 1984, Nonresponse-A Crippling Bias in Mail Survey Research, *International Journal of Comparative and Applied*

Criminal Justice, Vol. 8, No. 1, pp. 127 – 134.

Akram W., Hussain Z., Sial M. H., Hussain L., 2008, Agricultural Credit Constraints and Borrowing Behavior of Farmers in Rural Punjab, *European Journal of Scientific Research*, Vol. 23, No. 2, pp. 294 – 304.

Alien F., Qian J., M. Law, 2005, Finance and Economic Growth in China, *Journal of Financial Economics*, No. 3, pp. 112 – 146.

Baydas, Meyer, R. L., Aguilera-Alfred N., 1994, Credit Rationing in Small-Scale Enterprises: Special Micro-enterprise Programmers in Ecuador, *The Journal of Development Studies*, Vol. 31, No. 2, pp. 279 – 309.

Beck T., Levine R., 2002, Industry Growth and Capital Allocation, *Journal of Financial Economics*, No. 2, pp. 147 – 180.

Bencivenga, Valerie, Bruce Smith, 1991, Financial Intermediation and Endogenous Growth, *Review of Economic Studies*, Vol. 58, pp. 195 – 209.

Boucher S., Carter R. M., Guirkinger C., 2008, Risk Rationing and Wealth Effects in Credit Markets: Theory and Implications for Agricultural Development, *American Journal of Agricultural Economics*, Vol. 90, No. 2, pp. 409 – 423.

Boucher S., Guirkinger C., 2005, Direct elicitation of credit constraints: Conceptual and practical issues with an empirical application to Peruvian agriculture, *Selected paper presented at the American Agricultural Economics Association Annual Meeting*, No. 7, pp. 24 – 27.

Braverman A., Guasch J. L., 1986, Rural Credit Markets and Institutions in Developing Countries: Lessons for Policy Analysis from Practice and Modern Theory, *World Development*, Vol. 14, No. 10, pp. 1253 – 1267.

参考文献

Carter M. R., 1988, Equilibrium credit rationing of small farm agriculture, *Journal of Developing Economies*, Vol. 28, pp. 83 – 103.

Carter M. R., Weibe K. D., 1990, Access to Capital and Its Impact on Agrarian Structure and Productivity in Kenya, *American Journal of Agricultural Economics*, Vol. 72, pp. 1146 – 1150.

Feder G., Lau L. J., Lin, 1989, Agricultural Credit and Farm Performance in China, *Journal of Comparative Economics*, Vol. 13, No. 4, pp. 508 – 526.

Guirkinger C. 2008. Understanding the Coexistence of Formal and Informal Credit Markets in Piura, Peru. *World Development*, 36 (8): 1436 – 1452.

Hoff K., Stiglitz J., 1990, Imperfect Information and Rural Credit Markets: Puzzles and Policy Perspectives, *World Bank Economic Review*, No. 5, pp. 235 – 250.

M. Ghatak, 2000, Screening by the Company You Keep: Joint liability lending and the peer selection effect, *Economic Journal*, Vol. 110, pp. 603 – 631.

M. Ghatak, 1999, Group lending, local information and peer selection. *Journal of Development Economics*. (60): 27 – 50.

Mohield S., Wright Peter W., 2000, Formal and Informal Credit Markets in Egypt, *Economic Development and Cultural Change*, Vol. 48, No. 3, pp. 657 – 670.

Martin Petrick., 2005, Empirical measurement of credit rationing in agriculture: a methodological survey, *Agricultural Economics*, Vol. 33, pp. 91 – 203.

Paulson, Townsend, Karaivanov, 2006, Distinguishing limited liability from moral hazard in a model of entrepreneurship, *The Journal of Political Economy*, Vol. 114, pp. 100 – 144.

Crouch, Luis and De Janvry, 1985, The class basis of agricultural growth, *Food Policy*, Vol. 5, No. 1, pp. 3 – 13.

Dolla V. S., 2011, Agricultural science and technology in China: A review of three decades of policy and progress, *Journal of Science and Technology Policy in China*, Vol. 2, No. 1, pp. 79 – 93.

Greenwood, Jeremy, Boyan Jovanovic, 1990, Financial Development, Growth and the Distribution of Income, *Journal of Political Economy*, Vol. 98, pp. 1076 – 1108.

Jappelli, Tulio, Marco Pagano, 1994, Savings, Growth and Liquidity Constraints, *Quarterly Journal of Economics*, Vol. 109, pp. 83 – 109.

Jose De Gregorio, Pablo E. Guidotti, 1994, Financial Development and Economic Growth, *World Development*, Vol. 23, No. 3, pp. 433 – 448.

图书在版编目(CIP)数据

新型农村金融机构支农：信贷可得性、满意度与福利效应/牛晓冬，罗剑朝著. -- 北京：社会科学文献出版社，2018.12
（中国"三农"问题前沿丛书）
ISBN 978-7-5201-3692-1

Ⅰ.①新… Ⅱ.①牛… ②罗… Ⅲ.①农业信贷-信贷管理-研究-中国 Ⅳ.①F832.43

中国版本图书馆 CIP 数据核字(2018)第 240284 号

中国"三农"问题前沿丛书
新型农村金融机构支农：信贷可得性、满意度与福利效应

著　　者／牛晓冬　罗剑朝

出 版 人／谢寿光
项目统筹／任晓霞
责任编辑／任晓霞　冯婷婷

出　　版／社会科学文献出版社·社会学出版中心（010）59367159
　　　　　地址：北京市北三环中路甲29号院华龙大厦　邮编：100029
　　　　　网址：www.ssap.com.cn
发　　行／市场营销中心（010）59367081　59367083
印　　装／三河市尚艺印装有限公司

规　　格／开　本：787mm×1092mm　1/16
　　　　　印　张：13.25　字　数：170千字
版　　次／2018年12月第1版　2018年12月第1次印刷
书　　号／ISBN 978-7-5201-3692-1
定　　价／69.00元

本书如有印装质量问题，请与读者服务中心（010-59367028）联系

版权所有 翻印必究